Für die Freiheit aller Tiere

Andrea Höhse

# Pferden Freiheit schenken

## Der vegane Weg einer Tierärztin

**tredition**

© 2021 Andrea Höhse

Verlag und Druck:
Tredition GmbH, Halenreie 40-44, 22359 Hamburg

Umschlaggestaltung: Andrea Höhse
Innenillustration: Andrea Höhse

ISBN
Paperback      978-3-347-41728-1
Hardcover      978-3-347-41729-8
e-Book         978-3-347-41730-4

# Inhalt

# Ein Buch schreiben

*„Denke immer daran, dass es nur eine wichtige Zeit gibt: Heute. Hier. Jetzt."*

*(Leo Tolstoi, russischer Schriftsteller)*

Der erste Satz eines Buches sollte so fesselnd geschrieben sein, dass man gar nicht anders kann, als weiterzulesen. Diese Aussage begleitet mich schon eine ganze Weile und seitdem lese ich immer den ersten Satz eines Buches, bevor ich es kaufe, um herauszufinden, ob es das richtige Buch für mich ist und diese ersten Worte auf irgendeine Art und Weise mit mir in Resonanz gehen. Wie also anfangen? Mit welchem bedeutenden Satz sollte mein Buch also beginnen, um möglichst viele Menschen dafür zu begeistern? Da ich bisher noch keine berühmte Autorin bin und deshalb keinerlei Erfahrung mit dem Schreiben von Büchern habe, habe ich mir einfach die nötige Inspiration und Hilfestellung von außen geholt. Ich fühlte mich schon immer wie magisch angezogen von den ganzen tollen Lebensweisheiten, Zitaten und Weisheiten berühmter Menschen, habe sie über viele Jahre in einem kleinen, roten Büchlein gesammelt und ließ mich immer wieder aufs Neue davon inspirieren. Also lag für mich der Gedanke nahe, jedes Kapitel meines Buches mit einem dieser wundervollen Zitate zu beginnen, deren Aussage eine ganz besondere Bedeutung für mich und einen bestimmten Bezug zu dem jeweiligen Inhalt des Kapitels haben würde. Dieses Buch zu schreiben war in vielerlei Hinsicht eine große Herausforderung für mich, aber ich habe gespürt, dass ich die Dinge, die ich erlebt habe und die mich verändert haben, in irgendeiner Form anderen mitteilen möchte. Mein Herz hat mir zugeflüstert, dass es an der Zeit ist, meine Botschaft hinaus in die Welt zu schicken, um etwas zu verändern. Meine Einstellung zu vielen Themen und mein Denken über die Welt haben sich ab einem bestimmten Zeitpunkt meines Lebens sehr gravierend verändert. Von dieser Wandlung, von diesem Weg, auf den ich mich da begeben habe, möchte ich hier berichten. Deshalb fange ich nun einfach damit an und lasse mich von meiner Intuition und meinem Herzen dabei leiten und vertraue darauf, dass mich die richtigen Worte zur richtigen Zeit finden werden.

Was unsere Welt in meinen Augen gerade am dringendsten braucht, ist Mitgefühl gegenüber allen Lebewesen und die Einsicht, dass wir alle ein Teil dieser wunderschönen Erde sind. Alles steht miteinander in Verbindung und beeinflusst sich gegenseitig. Unser Denken und unser Handeln haben eine Auswirkung auf alles andere, sowohl im positiven als auch im negativen Sinne. Wie diese Wahrheit in mein Leben getreten ist, auf welche Weise sie mein Leben und mein Denken völlig verändert hat und was das vor allem mit den Pferden zu tun hat, diese Geschichte möchte ich in diesem Buch erzählen. Bücher scheinen auf wundersame Weise eine faszinierende Magie in sich zu tragen. Ich habe in den letzten Jahren immer wieder die erstaunliche Erfahrung gemacht, dass jedes Buch zu einem ganz bestimmten Zeitpunkt in mein Leben gekommen ist, um genau dann von mir gelesen zu werden. Nennen wir es mal Intuition. Ich verspüre häufig den Impuls ein Buch zu kaufen oder auch ein Buch erneut zu lesen, weil es für meine jeweilige Situation gerade die richtige Botschaft in sich trägt. Die Bücher beantworten mir dann wichtige Fragen, die gerade in meinem Leben präsent sind. Wie und warum das genau funktioniert, kann ich wirklich nicht erklären, aber ich habe dieses Wunder schon mehrfach erlebt und glaube aus tiefstem Herzen daran.

Deshalb hat es sicherlich auch einen bestimmten Grund, warum genau du, in diesem Moment mein Buch in deinen Händen hältst. Bitte öffne dich für meine Worte und für die hoffentlich darin verborgene Zauberkraft, spüre in dich hinein und dann folge einfach deinem Herzen.

# Der Augenblick,
## der alles verändert hat

*„Sei du selbst die Veränderung, die du dir wünscht für diese Welt."* (Mahatma Gandhi)

Mahatma Gandhis Leben, seine Worte und seine Taten, stehen für die erkämpften Rechte und die Freiheit eines ganzen Landes. Auf der Basis von absoluter Gewaltlosigkeit und Mitgefühl gegenüber anderen Lebewesen hat er eine Bewegung erschaffen, die für die ganze Welt nicht größer und bedeutungsvoller hätte sein können. Seine Wertvorstellungen sind im Laufe meines Lebens auch zu den meinen geworden und sein Lebenswerk zu meiner größten Inspiration. Mein Entschluss, Veterinärmedizin zu studieren, um Tierärztin zu werden, hat den Stein zu dieser Veränderung ins Rollen gebracht. Beruflich den ganzen Tag mit Pferden verbringen zu können, war für mich eine fantastische Vorstellung. Ich verspürte große Lust dazu, mich den spannenden Herausforderungen zu stellen, welche die Medizin an sich und die Behandlung von Pferden mit sich bringen würden. Pferden auf diese Weise helfen zu können, war für mich Grund genug mich fast 6 Jahre lang durch das anspruchsvolle Studium zu kämpfen, das während der gesamten Zeit fast ausschließlich aus dem Besuchen von Vorlesungen und Kursen und dem Lernen für diverse Testate und Prüfungen bestand, die sich immer wieder endlos aneinander zu reihen schienen. Kaum hatte ich den Inhalt eines vollen Din A 4 Ordners gerade auswendig gelernt, schon stand der nächste auf meinem Schreibtisch vor mir und nicht nur einmal fragte ich mich, ob es das wirklich alles wert ist? Dies waren wahrscheinlich sogar die anstrengendsten Jahre meines bisherigen Lebens, aber da ich genau wusste, wofür ich das alles tat und wo ich hinwollte, hielt ich weiter und weiter durch und verfolgte beharrlich das Erreichen meines Zieles, Tierärztin zu werden. Im Nachhinein bin ich wahrlich froh, dass ich es bis zum Ende durchgezogen habe, denn sonst hätte sich mein Leben nicht in der Form entwickelt, wie ich es heute lebe und liebe. Sonst wäre ich niemals zu dem Menschen geworden, der ich heute bin.

*„Selten kommt der Augenblick im Leben, der wahrhaft wichtig ist und groß."*

*(Johann Christoph Friedrich Schiller, deutscher Lyriker)*

Genau wie es Friedrich Schiller in seinem berühmten Zitat ausgedrückt hat, gab es diesen einen wirklich wichtigen und großen Augenblick in meinem Leben, der so vieles verändert hat und der mein bisheriges Weltbild in Bezug auf den

Fleischkonsum und die Nutzung von Tieren einmal um 180 Grad gedreht hat. Dieser Moment war alles andere als schön und angenehm, aber er hat einen sehr wichtigen Schalter in meinem Denken umgelegt. Es fühlte sich so an, als hätte mich das Leben plötzlich einmal ins eiskalte Wasser getaucht, um mir zu sagen: „Hier, sieh hin und wach endlich auf". Obwohl die düsteren Erinnerungen und der damit verbundene tiefe Schmerz dieses Augenblickes für immer in mir präsent bleiben werden, bin ich trotzdem unendlich dankbar für jenes Erlebnis zum Ende meines Studiums. Nie werde ich diesen Tag vergessen können, aber das ist auch gut so, denn das hilft mir hoffentlich dabei, die richtigen Worte zu finden, die es braucht, um etwas Wesentliches zu verändern. Ich brauche nur meine Augen zu schließen, um mich zu erinnern, meine Gedanken kehren zurück zu jenem Tag und ich kann noch immer alles ganz glasklar und deutlich vor mir sehen.

Es war ein wunderschöner Frühlingstag. Das satte Grün der Bäume, sich seicht im Wind hin und her bewegend und das leuchtende Gelb des blühenden Rapsfeldes, einen herrlich betörenden Duft verströmend, bildeten einen unglaublichen Kontrast zum strahlenden Blau des grenzenlosen Himmels. Ich stand da, inmitten dieser wundervollen Landschaft und blickte auf ein ödes zubetoniertes Areal mit lauter grauen, kalt wirkenden Gebäuden,

welche mir inmitten dieser lebendigen, wunderschönen Natur völlig surreal erschienen. Ich
schaute mich um. Vor einem der Gebäude drängten
sich hunderte von süßen, wolligen Schafen, eigentlich noch fast Lämmer und ihr verzweifeltes Blöken
transportierte ihre Angst über diese Situation nur
zu deutlich nach außen. Ein Schaf nach dem anderen wurde von dem gewaltigen Gebäude scheinbar
verschluckt, keines von ihnen würde es je wieder lebend verlassen. Denn ich befand mich auf dem Gelände eines Schlachthofes, wo ich mich im Rahmen
meines Studiums gemeinsam mit einigen Kommili-
tonen hinbegeben musste, um Fleischproben für ein
paar Tests an der Uni zu nehmen. Ich trat gemeinsam mit unserer Betreuerin vom Institut für Fleisch-
hygiene und den anderen Studenten durch die massive, stählerne Eingangstür und stand dann in der
großen Schlachthalle, wo mir ein bizarres Bild von
toten Schafkörpern in unterschiedlichsten Graden
der Zerlegung dargeboten wurde, die an Fleischer-
haken aufgespießt quer durch die riesige Halle
transportiert wurden. Wir gingen nach rechts zum
eigentlichen Schlachtbereich, von wo mir die Rufe
der Schafe wieder entgegen hallten. Mein Blick
blieb an ihren sanften, schwarzen Augen hängen
und es erschien mir so, als würden mich die Schafe
ängstlich fragen, was nun mit ihnen passieren
würde. Vollkommen unvermittelt fühlte ich einen
heftigen Schmerz tief in meiner Brust, als wäre mir
das große Schlachtermesser direkt in mein eigenes
Herz gestochen worden. Mir stockte der Atem und

ein fürchterlich beklemmendes Gefühl breitete sich rasend schnell in meinem Inneren aus. Mir wurde nun zum ersten Mal in meinem Leben wirklich bewusst, dass Fleisch zu essen bedeutet, lebendige Tiere zu töten. Die vielen Schafe, die dort direkt vor mir standen, waren real. Ich konnte sie sehen, hören, riechen und sie sogar anfassen, ihre weiche Wolle unter meinen Händen spüren. Auch die Männer, die diese Tiere für die Konsumenten töten mussten, waren reale Menschen mit Gefühlen, die hier Tag für Tag ihren Job machen mussten. Diese Bilder brannten sich in mein Gedächtnis hinein und berührten mich auf eine alles verändernde Art und Weise. Ich wollte nicht, dass sich all diese schönen Augen, die mich weiterhin so intensiv anblickten, im nächsten Moment für immer schließen würden. Doch es passierte und ich vermochte nichts dagegen zu unternehmen, die Maschinerie der Fleischproduktion lief einfach weiter und weiter. Strom floss durch die zarten Körper, wenn die Elektrozange sich um ihre Köpfe schloss und so ihre Sinne betäubte. Sie sanken bewusstlos nieder. Mit einer Kette um den Fuß wurde der leblose Laib hochgezogen und eine scharfe Klinge durchtrennte anschließend die Kehle eines jeden Tieres von links nach rechts mit einem langen und tiefen Schnitt durch das lebende Gewebe. Es floss warmes, rotes Blut aus ihren Körpern, sehr viel Blut und mit diesem Blut rann auch ihr Leben langsam und stetig aus ihnen hinaus. Ein Schaf nach dem anderen folgte seinem Gefährten und dieser Vorgang würde sich immer weiter wiederholen. Stunde um Stunde würden die Arbeiter routiniert und monoton ihre Arbeit ausführen, bis der Vorplatz sich komplett geleert hat und auch das letzte Schaf seinem Ende entgegen gegangen ist.

Nach dem Tod der Tiere begann direkt anschließend die Verarbeitung des noch warmen Tierkörpers. Der Kopf und die unteren Gliedmaßen wurden abgetrennt, die Haut wurde vom Körper abgezogen, die Innereien herausgeschnitten und mit jedem weiteren Schritt der Zerlegung entfernte sich der Gedanke an ein einzigartiges und fühlendes Individuum immer mehr von dem Stück Fleisch, das später, abgepackt in Plastik oder anderweitig verarbeitet, in den Kühltheken der Supermärkte landen würde. Ich spürte ein Gefühl der Panik in mir aufkommen und musste unbedingt sofort aus dem Gebäude hinaus, ich konnte es keinen Augenblick länger dort aushalten. Die Anwesenheit von so viel Tod und so wenig Achtung vor dem Leben drohte mich zu erdrücken. Salzige Tränen flossen meine Wangen hinunter und hinterließen eine bittere Spur der Trauer. Ich informierte meine Betreuerin und verließ so schnell ich konnte diese Halle des Grauens. Erst draußen konnte ich langsam wieder einigermaßen durchatmen, aber das beklemmende Gefühl begleitete mich und ich konnte es nicht mehr abschütteln. Warum hatte ich dermaßen emotional auf diesen Ort und dieses Erlebnis reagiert?

Niemals zuvor hätte ich es für möglich gehalten, dass mich der Besuch eines Schlachthofes so mitnehmen könnte. Mir wurde in diesem bedeutsamen Augenblick mit jeder Faser meines Körpers bewusst, dass mein Leben nie wieder so sein würde, wie es bisher gewesen ist und dass sich meine Einstellung zu den Nutztieren in diesem Moment grundlegend geändert hatte. Wie unglaublich groß diese Veränderung sein würde und welche weitreichenden Konsequenzen für mein Leben diese Erfahrung mit sich bringen würde, das konnte ich zu diesem Zeitpunkt aber noch nicht ansatzweise erahnen.

Ich hatte mein ganzes bisheriges Leben lang, über 30 Jahre, Tiere gegessen und war dabei immer davon ausgegangen, dass dies völlig normal wäre. Fleisch war für mich ein Lebensmittel und ich habe diese Art zu Denken bis dahin auch nie angezweifelt. Ich habe das Fleischessen sogar mit den gängigen Argumenten verteidigt. „In der Natur werden Tiere auch gefressen. Das ist ganz natürlich." „Fleisch braucht man, um gesund zu bleiben, es gibt uns Kraft, Energie und wertvolle Nährstoffe." Ich habe früher sogar immer gesagt, ich könnte niemals Vegetarier werden, weil ich kaum Gemüse und Obst mochte. Zu gerne und oft habe ich Fleisch gegessen. Am liebsten schon zum Frühstück diese kleinen fettigen Würstchen, gefüllt mit Käse und in einen Speckmantel gehüllt. Ein saftiges Steak auf dem Teller mit einer leckeren Ofenkartoffel und viel Sour Creme, zum Grillen der krosse, herzhaft duftende Schweinebauch mit aromatischer Barbecue-Sauce, außerdem ein zarter Lammrücken mit Klößen und Rotkohl zu Ostern. Die Verbindung zu den Tieren, von denen dieses Fleisch stammte, habe ich vollkommen verdrängt, es war für mich nicht der Muskelbauch eines Tieres, den ich da gegessen habe, sondern ein ganz normales Nahrungsmittel. Ich kann mich nur an einen einzigen flüchtigen Moment in der Vergangenheit zurückerinnern, an dem ich diese Verbindung doch herstellen konnte. Es gab Kaninchen bei uns zu Hause. Als ich das knusprig gebratene und lecker duftende Fleisch auf dem Teller hatte, sah ich auf einmal wirklich hin, denn zu sehr sah das Fleisch noch dem kleinen, niedliche Tier mit der süßen Stupsnase ähnlich, von dem es stammte. Mir wurde plötzlich klar, was da vor mir auf dem Teller lag. Der Teil eines toten Lebewesens, das früher einmal gelebt hatte. Es bestand nicht nur aus Knochen, Sehnen, Muskeln und Haut, sondern ein Herz hatte bis zu seinem Tod in seiner Brust ununterbrochen geschlagen. Erst die Schlachtung brachte dieses kleine, fleißige Herz schließlich zum Stillstand. Ich konnte in dem Moment wahrnehmen, dass es sich nicht um ein anonymes Stück Fleisch handelte, um ein reines Lebensmittel, sondern ich konnte das Tier dahinter sehen, weil sein Bein direkt vor mir lag. Ich nahm das Tier wahr, das nur gehalten und getötet worden war, damit es irgendwann auf meinem Teller liegen würde und ich in den köstlichen Genuss seines Fleisches kommen konnte. Kaninchen habe ich seitdem nie wieder angerührt.

Leider habe ich zu jener Zeit dieses Gefühl noch nicht auf all die anderen Nutztiere übertragen, von denen wir Menschen uns ernähren und die ich weiterhin ohne Gewissensbisse verspeist habe. Ich hatte mir bis dahin nie Gedanken darüber gemacht, wie viele Tiere für mich bisher sterben mussten, wie viele Tiere ich ohne schlechtes Gewissen schon gegessen hatte. Dieses eindringliche Erlebnis dort in dem Schafschlachthof im brandenburgischen Land hat mir zum Glück endlich die Augen und mein Herz geöffnet für die grausame Wahrheit, die ich so lange nicht erkennen und wahrhaben wollte. Es fügte sich in diesem Moment in meinem Kopf alles zusammen, was ich bisher im Rahmen meines Studiums in Bezug auf die Nutztierhaltung schon gesehen und erlebt hatte. Nicht nur im Schlachthof, sondern gerade auch in den riesigen, industriellen Mastanlagen, die wir Studenten im Rahmen des landwirtschaftlichen Praktikums besuchen mussten. Diese Haltungssysteme dort sind in keiner Weise mit den Bedürfnissen von empfindsamen Lebewesen zu vereinbaren. Wobei ich es schon furchtbar finde, dass man bei der Haltung von lebendigen Wesen überhaupt von Systemen spricht, als wären es keine Tiere, sondern nur reine Produktionseinheiten.

Ich stand völlig perplex über den Ausbruch meiner Gefühle vor jenem Schlachthof in der warmen Sonne, aber in meinem Inneren sah es ganz und gar nicht sonnig aus. Düstere Bilder schossen mir ins Gedächtnis zurück, verdrängte Erinnerungen kamen in mir hoch und ich befand mich, gedanklich zurückversetzt, wieder an diesen fürchterlichen und deprimierenden Orten der Nutztierhaltung. Ich weiß noch genau, dass mir damals beim Betreten der Ferkelproduktionsanlage der entsetzlich beißende, bestialische Gestank nach Ammoniak und Fäkalien die Tränen in die Augen trieb und ich es kaum wagte, tief durchzuatmen. Wir waren alle eingekleidet in weiße Schutzanzüge und hatten blaue Plastiküberzieher über unseren Schuhen, damit wir bloß keine Keime in den Stall hereinschleppen konnten. Während wir diese Anlage durchliefen, sah ich überall Schweine, die eingepfercht waren auf kleinstem Raum. Ihr ganzes Leben lang nicht nach hinten blicken, nicht laufen, nicht spielen können, isoliert von der Außenwelt, von der Natur, von Sonne, Regen, Wind und frischer Luft. Einige Ferkel, kaum geboren und das Licht der Welt erblickt, schon zum langsamen Sterben allein auf die kalte Stallgasse gelegt, weil sie zu schwach oder krank waren. Es ist zu teuer sie zu behandeln, sie aufzupäppeln, die Kosten dafür übersteigen den Profit bei weitem, das ist einkalkulierte Grausamkeit. Für mich ist es vollkommen unverständlich, wie ein Mensch es fertigbringen kann, dieses neugeborene, unschuldige Ferkel diesem einsamen Todeskampf auszusetzen. Wie kann es sein, dass diese kleinen Geschöpfe nicht als fühlende Lebewesen wahrgenommen werden und ihr Leben, wenn es nicht in Form von Fleisch verkauft werden kann, keinen wirklichen Wert hat? In der Ferkelproduktion ist es oft sogar üblich, die lebensschwachen Ferkel durch einen harten Schlag zu töten, denn Medikamente für eine Euthanasie auszugeben, würde sich einfach nicht rentieren. Die kleinen Ferkel werden einfach mit ganzer Kraft gegen die Stallwand geschlagen und wenn sie Glück haben, sind sie sofort tot. Ansonsten steht auch ihnen noch ein langsames, quälendes Ende bevor und nicht selten landen sie noch lebend in der großen Kadavertonne. Die riesigen Zuchtsauen stehen während der Zeit der Abferkelung über drei Wochen lang in viel zu engen, stählernen Abferkelständern, in denen sie sich nicht umdrehen und kaum hinlegen können und das mehrmals im Jahr. Ihrem Instinkt, für ihre Ferkel ein Nest zu bauen, können sie auch nicht nachkommen. Sie können sich nach der Geburt nicht um ihre Ferkel kümmern. Sie stehen oder liegen den ganzen Tag nur da in ihrem stählernen Gefängnis, ausgenutzt als Ferkelproduktionsmaschine. Aber diese überaus intelligenten Tiere sind keine Maschinen, sie haben Gefühle und Bedürfnisse, die sie ausleben möchten. Schweine sind zudem sehr reinliche Tiere, die unter normalen Umständen niemals an demselben Fleck koten würden, wo sie liegen und fressen. Sie wollen mit ihrer Rüsselscheibe im weichen Boden nach Würmern wühlen und sich genüsslich in einem schlammigen Wasserloch suhlen, um sich abzukühlen. Ein Schwein in einer Mastanlage kann nichts davon je tun. Unter diesen unwürdigen Bedingungen vegetieren gerade die Zuchtsauen elendiglich vor sich hin. Die beschriebenen Abferkelkäfige sind vom Menschen zum Schutz der Ferkel erfunden worden, damit die Sauen ihre Ferkel beim Hinlegen nicht erdrücken. Würde man ihnen ausreichend Platz zur Verfügung stellen, dann wäre diese Form der Folter nicht nötig, aber das würde natürlich wieder den Profit schmälern bzw. den Preis für das Schweinefleisch in die Höhe treiben. Schon nach drei Wochen werden die kleinen Ferkel dann viel zu früh von ihren Müttern getrennt und in andere Buchten umgesetzt. Überall in diesen sich endlos aneinanderreihenden Ferkelbuchten erblickte ich geschwollene Gelenke und aufgebissene, blutige Schwanzspitzen, die von den Artgenossen wegen der absolut eintönigen Langeweile, die dort herrscht, angefressen wurden, obwohl der größte Teil des Schwanzes ihnen bereits am ersten Lebenstag ganz ohne Betäubung einfach abgeschnitten wurde. Nur ein paar Stahlketten hängen in den sonst trostlosen Buchten und sollen das gegenseitige Anfressen verhindern, aber die natürlichen Instinkte dieser klugen Tiere können dadurch nicht im Geringsten befriedigt werden. Ihr Drang bleibt bestehen und so kommt es immer wieder zum Kannibalismus. Keiner der

Schweinezüchter, der die Tiere dort unter diesen Umständen hält, kann sich vorstellen, was es bedeutet, wenn Artgenossen einen bei lebendigem Leibe anfressen, ohne dass man ihnen entkommen kann, und die blutenden, stark entzündeten Wunden bieten den Schweinen noch mehr Anreiz, sich auf kannibalistische Weise weiter ins Fleisch der anderen Tiere hineinzufressen. Man könnte nun meinen, dass solche Zustände doch sicherlich die Ausnahme darstellen, aber weit gefehlt, ich habe es mit eigenen Augen gesehen. Und wenn diese Dinge schon in Ställen auftreten, durch die Studenten geführt werden, dann möchte ich mir nicht vorstellen, was noch alles hinter so vielen anderen Türen im Verborgenen liegt. So bleibt diesen armen Kreaturen am Ende ihres kurzen Lebens, wenn man das denn überhaupt ein Leben nennen kann, nur noch der Gang beziehungsweise eine Fahrt in den Schlachthof, der mir angesichts der unwürdigen Haltungsbedingungen, wie eine Erlösung aus ihrem täglichen Martyrium erscheint. Ich habe während meines Praktikums im Schlachthof tausende Schweine dabei beobachten müssen, wie sie interessiert vom LKW in die Wartehalle gelaufen sind. Unglaublich froh, endlich einmal etwas anderes sehen zu können, eine Abwechslung von der Monotonie ihres bisherigen Daseins. Mit einem Funken an Hoffnung in ihren Blicken, dass es vielleicht doch noch etwas Schönes im Leben geben könnte. Sie haben mir im Vorbeigehen direkt in die Augen und in meine Seele hineingeschaut. Mit ihren süßen, freundlichen und neugierigen Knopfaugen standen sie erwartungsvoll vor mir und haben mich leise angegrunzt, nur um etwas später getötet, ausgeblutet und zerlegt zu werden, um dann als Wiener Schnitzel mit Pommes Frites auf einem Teller zu enden.

Ich erinnere mich noch sehr genau an eines der Schweine dort, welches irgendwie an der Betäubungsmaschine vorbei gerutscht war und nun unter dem Förderband stand, an dem es eigentlich kopfüber aufgehängt werden sollte. Überall war Blut und das verängstigte Schwein wusste nicht wohin mit sich. Wie war es bloß an so einen Ort geraten? Womit hatte es das verdient? Es roch an diesem Ort nach Angst und Tod der Artgenossen. Ich konnte die Panik in seinen Augen nur zu deutlich sehen. Mir wurde in diesem Moment nochmal viel bewusster, dass es sich hier um ein fühlendes Lebewesen handelt, das dort verzweifelt um sein Leben kämpft und verzweifelt nach einem Ausweg aus diesem Grauen suchte. Ein Arbeiter kam und dirigierte das Schwein wieder zu den anderen, noch lebenden Schweinen, damit es sich erneut in die Schlange der Tiere einreihen konnte, die auf dem Weg zur Schlachtbank waren. Sein unbeabsichtigter Fluchtversuch war leider gescheitert. Mein Verstand wollte nicht begreifen, warum all diese wunderbaren Wesen hier sterben müssen. Die Schweine wurden betäubt, abgestochen, ausgeblutet und abgebrüht. Wenn die Schweine Glück haben, dann finden sie beim Schlachtvorgang einen schnellen Tod. Leider ist es so, dass jährlich bei ca. drei Prozent der geschlachteten Schweine in Deutschland Fehlbetäubungen auftreten und somit sind die Tiere während des Durchschneidens der Schlagader und der Entblutung bei Bewusstsein. Diese Tatsache wird systembedingt einfach toleriert. Bei ca. 55 Millionen geschlachteten Schweinen pro Jahr allein nur in Deutschland sprechen wir hier von über 1,5 Millionen Schweinen, die nicht „tierschutzgerecht" geschlachtet werden und einen qualvollen Tod erleiden müssen. Diese Fehlbetäubungen treten nicht nur bei Schweinen auf, sondern es betrifft auch alle anderen Nutztiere. Diese Tatsache klingt für mich nach einem schaurigen Horrorszenario und nicht nach der Produktion von gesunden Lebensmitteln.


Während meines dreiwöchigen Schlachthofpraktikums stand ich zudem auch viele Stunden lang am Förderband und musste die Organe der getöteten und zerschnittenen Schweine begutachten. Fast jede Lunge eines jeden geschlachteten Schweines die an mir vorbeikam, wies deutliche Spuren von mehr oder weniger hochgradigen Lungenentzündungen auf. Ich konnte ihr vorausgehendes Leid nur erahnen, welches sie in ihrem kurzen Dasein unter den unwürdigen Bedingungen in der industriellen Massentierhaltung erdulden mussten. Es gab für sie keine saubere, frische Luft zum

Atmen und auch sonst keine Bedingungen für ein einigermaßen angemessenes Leben. Als ich damals das Gebäude der Schweinemastanlage wieder verlassen habe, ließ ich die entstandenen Bilder in meinem Kopf dort zurück, ich wollte sie nicht an mich heranlassen, denn das hätte bedeutet, dass ich etwas verändern müsste, das etwas an meiner Einstellung zur Nutzung von Tieren falsch wäre. Aber das konnte doch nun wirklich nicht sein, denn schließlich denken doch auch alle anderen Menschen genauso wie ich darüber. Tiere werden gegessen und dafür züchtet und hält man sie, schenkt ihnen ja auf diese Weise sogar quasi heldenhaft das Leben. Das aber so ein Leben nicht lebenswert ist, das wollte ich einfach nicht wahrhaben und hätte mich das Leben nicht in eine andere Richtung dirigiert, dann würde ich wahrscheinlich noch heute dieses System mit meinem Konsumverhalten weiterhin am Leben erhalten und unterstützen. Doch das Studium hat mir zum Glück diverse Erlebnisse beschert, die mich in meiner Wahrnehmung beeinflusst haben und in der Summe dann dazu geführt haben, dass sich eben in diesem einen Augenblick in meinem Leben eine so gravierende Änderung in meinem Denken vollziehen konnte.

Ich erinnerte mich auch noch sehr gut daran, wie ich während eines Ausfluges im Rahmen der Uni eine Halle mit zehntausenden Masthähnchen betrat und auch hier fehlte mir fast die Luft zum Atmen.

Die Tiere sind in diesen Hallen gedrängt auf engstem Raum, je größer sie werden. In Fernsehberichten sieht man meistens nur die Szenen, wie die kleinen, gelbflauschigen Küken an ihrem ersten Lebenstag dort in die Halle gesetzt werden und wild piepsend umherflitzen. Dieses niedliche Bild verändert sich allerdings über die nächsten 30 Tage, die die Tiere dort verbringen müssen, bis sie eingesammelt und in engen Transportboxen gestapelt mit dem LKW zum Schlachthof gefahren werden. Jeden einzelnen Tag sterben dort etliche Tiere. Sterben bedeutet in diesem Fall qualvoll verenden. Die Tiere stehen in ihren eigenen Exkrementen, wenn sie denn zum Ende der Mastperiode überhaupt noch fähig sind zu stehen. Die Fäkalien und der Ammoniak greifen ihre Lungen und die empfindliche Ballenhaut an den Füßen an, was zu schmerzhaften Entzündungen und offenen Verletzungen führt. Die Körper der Hähnchen sind auf das schnelle und vollkommen unnatürliche Wachstum der Muskelmasse gezüchtet, um den größtmöglichen Profit aus Ihnen herausschlagen zu können. Je größer sie aber werden, desto mehr Masse lastet auf ihren dünnen Beinchen, die sich irgendwann unter der unnatürlichen Belastung verformen oder sogar brechen. Die Tiere sitzen dann inmitten von zehntausenden Artgenossen fest, können sich nicht mehr fortbewegen, leiden unter großen Schmerzen und verhungern oder verdursten an Ort und Stelle. Wenn sie verendet sind, werden sie irgendwann von einem Mitarbeiter aus der Halle gesammelt und landen in der

Kadavertonne. Das ist Normalität, jeden Tag geht ein Mitarbeiter durch die Hallen, um die toten Tiere einzusammeln, um die Ställe von ihnen zu säubern, als wären sie einfach nur wertloser Abfall. Am Abend nach dem Besuch dort ließ ich mir zu Hause trotzdem mein Brot mit leckerer, zarter Hähnchenbrust schmecken, ohne zu realisieren, was für ein Leid ich damit unterstütze, obwohl ich es doch gerade selbst mit eigenen Augen gesehen hatte. Wie konnte ich nur so blind sein, wo war mein Mitgefühl und wo meine Achtung vor dem Leben?

Ich versuchte die ganzen früheren Erinnerungen aus meiner Studienzeit abzuschütteln, aber da stand ich nun vor jenem besagten Schafschlachthof und dachte darüber nach, warum ich überhaupt hier gelandet war. Ich wollte Tierärztin werden, um den Tieren zu helfen, um sie zu heilen oder ihr Leiden zumindest zu lindern. Wie kann ich aber mit dieser Intention dieses grausame System der industriellen Massentierhaltung, egal ob konventionell oder biozertifiziert, durch meinen Konsum weiter am Leben erhalten und für richtig erachten? Wie kann ich es in Kauf nehmen, dass für meinen Genuss Tiere leiden und sterben müssen? All diese Fragen schwirrten mir durch den Kopf, ließen mich auch auf dem Weg nach Hause nicht wieder los und so beschäftigte ich mich in den darauffolgenden Wochen ausführlich mit dem Thema industrielle Nutztierhaltung. Ich las diverse Artikel und

Infoblätter, ich sah viele Dokumentationen und Filme im Internet und war unglaublich erschüttert. Das was ich selbst gesehen und schon als unglaublich schrecklich erlebt hatte, war nur ein winzig kleiner Ausschnitt aus dem ganzen System, es schien mir nur die Spitze des Eisberges zu sein. Das Leid von Milliarden von Nutztieren schien so unfassbar groß zu sein und die Aufnahmen, die ich sah, noch so viel entsetzlicher und unbegreiflicher als das, was ich selbst schon erlebt hatte. Allein die Zahlen sind schon erschreckend, wenn man liest, das jährlich ca. 150 Milliarden Landtiere zum Verzehr für die Menschen getötet werden. Ich fragte mich, warum ich nicht schon früher von all dem erfahren hatte oder eher warum ich all das so erfolgreich verdrängt hatte, was eigentlich so offensichtlich ist. Es ist eben aber doch etwas ganz anderes, das Leid der Tiere mit den eigenen Augen anzusehen. Den Tieren in die warmen, tiefen Augen zu schauen und genau zu wissen, dass sie gleich sterben müssen, hat mich zutiefst bewegt und wachgerüttelt. Ich denke an all diese wunderschönen Tiere zurück, die direkt vor mir den Weg in die Schlachtung gehen mussten. Ich konnte ihren Tod leider nicht verhindern, aber ich gab diesen zahlreichen Seelen im Nachhinein das Versprechen, dass ich meine Stimme für sie erheben würde um ihnen Gehör zu verschaffen und mich dafür einzusetzen, dass so vielen ihrer Artgenossen wie möglich das gleiche Schicksal in Zukunft erspart bleiben würde. Und so gab es nach meiner ausgiebigen Recherche im Internet und diesen erschreckenden Erlebnissen für mich nur noch eine logische Konsequenz: Ich wollte damit aufhören, die Ausnutzung der Tiere zu unterstützen! Mein Entschluss kein Fleisch mehr zu essen, stand nun fest und so wurde ich erst mal zur Vegetarierin. Ich wollte in Zukunft das Leben meiner Mitgeschöpfe lieber bewahren, anstatt sie für meinen kulinarischen Genuss millionenfach in den Tod zu schicken. Auch wenn ich nicht selbst das Messer führen würde, das sie tötet, so wäre ich doch für ihren Tod mit verantwortlich, wenn ich sie weiterhin essen würde.

*„Alle Geschöpfe der Erde fühlen wie wir, alle Geschöpfe streben nach Glück wie wir. Alle Geschöpfe der Erde lieben, leiden und sterben wie wir, also sind sie uns gleich gestellte Werke des allmächtigen Schöpfers – unsere Schwestern und Brüder."*

*(Franz von Assisi, Begründer des Franziskaner-Ordens)*

In den ersten Wochen nach meinem Entschluss versuchte ich die Erlebnisse und den Schmerz, den sie verursacht hatten, zu verarbeiten, indem ich allen Mitgliedern aus meiner Familie und meinen Freunden davon erzählte und sie dazu aufforderte, sich ebenfalls mit diesem Thema auseinander zu setzen. Ich schrieb Emails und bedrängte sie regelrecht damit. Das kam allerdings nicht sehr gut an, niemand konnte nachvollziehen, was in meinem

Inneren für ein wilder Sturm tobte und dass ich das unbändige Bedürfnis verspürte, die ganze Welt sofort wachzurütteln und zu bekehren. Erst etwas später wurde mir wieder bewusst, dass ja auch ich bis zu diesem Zeitpunkt nicht anders gedacht hatte. Nur weil mich das Schlachthoferlebnis zu dieser Erkenntnis geführt hatte, galt das, verständlicherweise, nicht auch für alle anderen Menschen in meinem Umfeld. Ihr Leben hatte sich diesbezüglich nicht verändert, bis auf den kleinen Unterschied, dass ich nun auf einmal allen vorhielt, Fleisch zu essen sei verwerflich und alle müssen ihr Verhalten diesbezüglich auch unbedingt überdenken. Ich würde für mich also einen anderen Weg finden müssen, mit dem Schmerz und der neu empfundenen Ungerechtigkeit umzugehen. Ich würde für den Moment leider akzeptieren müssen, dass andere weiterhin Fleisch essen und dass ich das System nicht von heute auf morgen stürzen kann.

So verging die Zeit und meine Familie und Freunde gewöhnten sich irgendwann daran, dass ich nun kein Fleisch mehr aß. Innerhalb der Gesellschaft schien sich leider weiterhin diesbezüglich nichts Wesentliches zu verändern. Das, was sich an Veränderung wahrnehmen ließ, wenn man genau hinsah, war noch so diskret und unscheinbar, dass nur Wenige etwas davon bemerkten. Zu der Zeit hat es auch noch etwas ganz anderes bedeutet, Vegetarier zu sein. Man bewegte sich damit eindeutig am Rande der Gesellschaft und war den Meisten ein Dorn im Auge bezüglich ihrer Ernährung. Erinnerte man doch immer alle, mit denen man an einem Tisch saß, irgendwie unterschwellig daran, was eine ganz kleine, sehr leise Stimme den meisten Menschen eh zuflüsterte, nämlich dass hier irgendetwas nicht richtig sein kann. Ich weiß noch, dass immer mal wieder die Standardfrage danach kam, ob ich denn jetzt eigentlich noch Fisch essen würde. Ich weiß nicht warum, vielleicht um sich zu vergewissern, dass ich nicht komplett zu einem weltverbessernden Tierschützer mutiert war? Da musste ich sie diesbezüglich leider enttäuschen, denn auch wenn Fische nicht so hoch entwickelt erscheinen wie die Nutztiere auf dem Land, so konnte ich es mit meinem Gewissen auch nicht mehr vereinbaren den Fischfang weiter zu unterstützen, denn auch Fische haben ein Nervensystem und können Schmerz empfinden. Und die Fische werden nicht betäubt, sie werden in den riesigen Fangnetzen erdrückt oder ersticken später. Alle Meereslebewesen, ob groß oder klein, die unbeabsichtigt in die Netze geraten sind und darin auch qualvoll verenden, werden tot als Beifang wieder ins Meer geworfen. Was ist das bitte für eine gedankenlose und egoistische Verschwendung von wertvollem Leben? Der hohe Fischkonsum bewirkt zudem, dass unsere wunderschönen Meere, ohne die wir gar nicht existieren könnten, leergefischt werden und das gesamte Ökosystem dadurch zerstört wird. Das lecker duftende, zartrosa schimmernde Lachsfilet erzählt leider nichts von dieser furchtbaren Geschichte, wenn es auf den Tellern in den zahlreichen Restaurants, adrett angerichtet, serviert wird. Von den künstlichen Fischzuchten möchte ich gar nicht erst anfangen zu sprechen, in denen die Fische dicht gedrängt in dem vom eigenen Kot verseuchtem Wasser leben müssen. Meine Antwort dazu war also ein klares: „Nein, ich esse auch keinen Fisch mehr". Ich wollte und konnte keine Lebewesen mehr essen, weder die vom Land, noch die aus dem Meer und ich war die ganze Zeit über sogar etwas stolz, dass wegen mir nun keine Tiere mehr leiden mussten.

Leider hatte ich da einen gewissen Bereich der Nutztierhaltung weiterhin einfach ausgeblendet und so wurde mir etwa drei Jahre nach meinem Schlachthoferlebnis dann irgendwann langsam bewusst, dass ich doch weiterhin diese Lüge lebte, immer noch gewissen Verdrängungsmechanismen unterlegen war und das Leid zu vieler Tiere weiterhin ignorierte, die für die Milch, Käse und Eierproduktion genutzt werden. Zu dieser Zeit war vegan zu leben noch deutlich unbequemer. Vegane Produkte in den Supermärkten waren kaum zu finden und man musste sich mühsam durch alle Zutatenlisten durcharbeiten, wenn man ein Produkt kaufen wollte, das man noch nicht kannte. In den allermeisten Fällen stellte man es dann wieder zurück ins Regal, weil doch wieder Ei oder Milch in irgendeiner Form darin enthalten war. Veganer waren zu dieser

Zeit in den Augen vieler Menschen solche Personen, die so gut wie gar nichts mehr essen können. Und deshalb wurde ich auch zwangsläufig immer wieder gefragt, was mir denn jetzt noch zum Essen übrigbleiben würde, und ob das nicht alles zu einem Nährstoffmangel führen würde, was ich da ernährungstechnisch so veranstaltete? Absolut paradox, wenn ich bedenke, dass ich früher immer vorgebetet bekommen habe, dass ich Gemüse essen müsste, um gesund zu bleiben. Und nun, wo ich quasi nur noch Gemüse essen wollte, galt das plötzlich als ungesund. Dabei hat sich meine Ernährungsvielfalt seit ich vegan wurde um so viele Dinge erweitert und ich finde es auch heute noch spannend, was man alles für Möglichkeiten hat. Wir leben gerade hier in Europa in einem absoluten Zeitalter des Überflusses. Es gibt nicht nur Fleisch, Fisch, Milch und Eier zum Essen. Uns stehen zahlreiche Obst und Gemüsesorten und verschiedenste Getreidevarianten zur Auswahl bereit. Hülsenfrüchte, Nüsse und Samen bereichern das Angebot. Zudem gibt es immer mehr vegane Fleischalternativen auf der Basis von Weizen, Soja, Lupinen oder anderen Hülsenfrüchten und die riesige Auswahl an Pflanzendrinks rundet alles harmonisch ab. Wer kann denn da noch von Verzicht sprechen? Es ist lediglich eine Umgewöhnung der bisherigen Ernährungsweise. Zum Glück sind in den vergangenen Jahren neben mir noch viele andere Menschen zu dem gleichen Schluss gekommen und ein Aufwachen in der Gesellschaft wird so langsam immer deutlicher spürbar. Immer mehr Menschen wurde bewusst, dass eine vegane Ernährung nicht nur gut für die Tiere, sondern auch für die Umwelt und die eigene Gesundheit ist, bekannten sich zu dieser Lebensweise und setzten sich darüber hinaus für ihre Verbreitung ein. Weltweit wurden auch immer mehr wissenschaftliche Studien veröffentlicht, die alle darauf hinwiesen, dass der Verzehr von tierischem Protein sogar ungesund ist und die Wahrscheinlichkeit an einem Herzinfarkt oder einigen Krebsarten zu erkranken deutlich erhöht.

Natürlich ist mir meine Gesundheit sehr wichtig, aber der eigentliche Grund für meine vegane Lebensweise ist der Tierschutz und deshalb bin ich auch dazu gekommen, die Milchproduktion für mich kritisch zu hinterfragen. Ich habe erkannt, dass die Kühe eben nicht glücklich auf der Wiese stehen und dabei fröhlich Milch für uns produzieren. Wenn man, wie ich, auf dem Land lebt oder übers Land fährt, sieht man im Sommer viele Milchkühe sogar noch auf den grünen, saftigen Wiesen grasen. Die Kühe scheinen wirklich zufrieden zu sein und für die meisten Menschen ist es das Bild einer romantisch-ländlichen Idylle, die uns die Milchindustrie verkaufen will mit dem Gedanken an die glücklich, lila Kuh auf der Almwiese. Aber der Schein trügt gewaltig, denn sobald man auf die Euter der Tiere blickt, müsste sogar schon einem Laien aufgehen, dass dort etwas ganz und gar nicht in Ordnung sein kann. Die Euter sind unnatürlich groß und pendeln bei jedem Schritt entsetzlich schwer zwischen den Beinen der Kühe hin und her, das ist ganz bestimmt kein angenehmes Gefühl. Ein Kuheuter ist von der Natur dafür konzipiert worden, und nur dafür, ein Kalb mit Nahrung in Form von Milch zu versorgen, es zu nähren und schnell wachsen zu lassen. Dann kommt der Mensch aus der "zivilisierten" westlichen Welt und nimmt nicht nur die Milch die das Kalb übriglässt, wie es zum Beispiel viele Nomadenvölker tun, die im Einklang mit der Natur der Tiere leben, sondern er nimmt sich alles von der Kuh. Er trennt das neugeborene Kalb, häufig schon in den ersten Lebensstunden, von seiner Mutter. Auch Tiere empfinden Trennungsschmerz, genau wie wir Menschen. Die Trennung vom Kalb ist aber leider das vorausbestimmte Schicksal von jeder Milchkuh und das nicht nur einmal im Leben, sondern jedes Jahr aufs Neue, bis die Kuh nicht mehr rentabel genug ist und den Gang zum Schlachter antreten muss. Dort muss sie dann auch noch das Letzte hergeben, was ihr noch geblieben ist, ihr klägliches Leben. Die kleinen Milchkälber werden kurz nach der Geburt in sogenannte Kälberiglus verfrachtet. Die behütende Nähe zu ihrer Mutter wird ihnen verwehrt. Sie sind völlig allein und können sich in dem engen Bereich kaum bewegen. Ein junges Kälbchen möchte aber laufen, hüpfen und springen, möchte die spannende Welt entdecken und mit anderen Kälbchen spielen, um sich danach neben seiner Mutter hinlegen zu können und sich sicher und geborgen zu fühlen beim Schlafen. Dem Kälbchen in der Landwirtschaft wird das verwehrt und es bekommt auch keine nährende Muttermilch aus dem Euter seiner Mutter, an dem es normalerweise viele Male am Tag saugen würde. Es bekommt stattdessen ein paar Mal am Tag Ersatzmilch aus einem Eimer mit Sauger, den es innerhalb von Minuten leer nuckelt. Das Saugbedürfnis wird dabei nicht im Geringsten befriedigt, so dass es alles verzweifelt annuckelt, was ihm zwischen die Lippen kommt. Das Immunsystem ist, ohne die nährende Milch von der Mutterkuh und durch den Stress der Trennung, viel schwächer als normal und deshalb leiden viele Kälber in den ersten Wochen unter starkem Durchfall und schweren Lungenentzündungen. Therapeutisch gesehen wird nur das nötigste getan, damit die Sache noch einigermaßen rentabel bleibt. Das ist weniger die Schuld der Landwirte als die des gesamten Systems, das die Preise für Milch so extrem niedrig hält. Wie sollen die Landwirte ihre Tiere angemessen versorgen, wenn sie jeden Cent dreimal umdrehen müssen? Die Bullenkälber werden dann nach ein paar Wochen bereits geschlachtet, damit man helles, zartes Kalbsfleisch von ihnen gewinnen kann. Die weiblichen Kälber wachsen auf und müssen als Milchkuh irgendwann in die Fußstapfen ihrer Mütter treten. Die unzähligen Milch- und Käseprodukte aus den Supermärkten werden in Massen konsumiert. Auf die vielen einsamen Kälbchen, die neben den Milchkühen die Leidtragenden der

Milchproduktion sind, wird in der Werbung für all die Produkte natürlich nicht aufmerksam gemacht. Das bleibt alles unter einem trüben Deckmantel des Schweigens, wenn man nicht aktiv anfängt darüber aufzuklären und zu informieren. Auch ich habe diese Form der Tierausbeutung über eine lange Zeit leider nicht wahrgenommen, obwohl ich während meines Praktikums in einem Rinderschlachtbetrieb so fürchterliche Dinge mit angesehen habe. Den ganzen Tag über kamen LKWs und Transporter an und eine ausrangierte Milchkuh nach der anderen musste über die Rampe ins Innere der Wartehalle laufen. Eine Schwarzbunte Kuh ist schon direkt auf der Rampe zusammengebrochen, der Transport hat ihrem geschundenen Körper den Rest gegeben und so wurde ihr noch dort vor Ort der Bolzen durch das Schädeldach ins Gehirn getrieben, womit ihr Leiden ein düsteres Ende fand. Die anderen Kühe mussten teilweise stundenlang in den engen Buchten an diesem fremden, beängstigenden Ort auf ihren letzten Gang zur Schlachtung warten und wurden dann, wenn es endlich soweit war, mit Gummistöcken ihrem Tod entgegengetrieben. Es sind alles so kluge und sanfte Tiere, und sie haben etwas derartiges einfach nicht verdient.

Die heutigen Milchkuhrassen sind züchterisch so manipuliert, dass sie etwa das 12-fache ihrer natürliche Milchmenge geben, was den Körper der Kuh regelrecht auslaugt. Sie können den Kreislauf aus Trächtigkeit, Geburt und Milchproduktion nicht sehr lange aushalten, der gesamte Organismus ist vollkommen überlastet. Daher ist es wenig überraschend, dass mit zunehmender Leistung auch die Anfälligkeit für Krankheiten steigt. Es kommt bei den meisten Kühen zu schmerzhaften Entzündungen des Euters, wobei riesige Mengen an Antibiotika in die Euter injiziert werden. Das belastet nicht nur die Kühe, sondern auch die Umwelt und fördert in diesen Mengen weiter die schon bestehenden Antibiotikaresistenzen, die für viele Menschen in Krankenhäusern mit Infektionen durch multiresistente Keime häufig dann den Tod bedeuten. Verbreitet bei den Kühen sind weiterhin diverse Stoffwechselerkrankungen wie Ketose, Pansenazidose, Milchfieber und Labmagenverlagerungen. Außerdem kommt es vielfach zu Geburtskomplikationen, weil die Kälber viel zu groß gezüchtet sind und die Kuh gar keine Möglichkeit mehr hat, das Kalb auf natürliche Weise auf die Welt zu bringen. Geburtshilfe und Kaiserschnitte stehen also nicht selten auf der Tagesordnung eines Milchviehbetriebes. Bei einer ursprünglichen Lebenserwartung von über 20 Jahren, werden die Kühe in der industriellen Tierhaltung im Durchschnitt gerade mal 4-5 Jahre alt. Das ist eine erschreckende Tatsache, zumindest nach meinem Empfinden. Kein lebender Organismus kann solch maßlose Ausbeutung über längere Zeit aushalten und dabei weiterhin produktiv im Sinne der Milchindustrie bleiben. Mal ganz davon abgesehen, dass Milch entgegen der weithin propagierten öffentlichen Meinung, kein gesundes Lebensmittel ist, weil sie den Körper übersäuert und ihm damit das Calcium aus den Knochen entzieht, statt es ihm zuzuführen und damit Osteoporose gerade begünstigt, anstatt sie zu verhindern. Die Milchlobby setzt allerdings alles daran, dass diese Tatsache nicht der breiten Öffentlichkeit zugängig gemacht wird. Und so laufe ich weiterhin im Supermarkt an den endlos erscheinenden Kühlregalen entlang und fühle mich so machtlos angesichts der riesigen Mengen an Milchprodukten, die ohne Bedenken gegenüber den Tieren und der eigenen Gesundheit weiter und weiter konsumiert werden.

Bevor ich mich dann endgültig von allen tierischen Produkten verabschiedet hatte und nachdem ich nun bereits Fleisch, Fisch, Milch und sogar den leckeren Käse von meiner persönlichen Speisekarte gestrichen hatte, blieben nur noch die Eier übrig. Diese habe ich soweit wie möglich vom nahegelegenen Bauernhof direkt geholt, wo die Hühner draußen leben konnten, ohne Stress in der Massentierhaltung. Aber die großen Mengen an Eiern, die generell verzehrt werden, kann man natürlich nicht alle von glücklichen Hühnern vom Bauernhof von nebenan bekommen. Das funktioniert nur über tierfeindliche Massenproduktion und man glaubt gar nicht, wo überall Eier drinnen sind, wenn man sich die Zutatenlisten in den Supermärkten mal genau

durchliest. Die Problematik um das „Kücken-
schreddern" stand zu dieser Zeit auch schon zur öffentlichen Diskussion. Jährlich wurden allein in
Deutschland ca. 45 Millionen männliche Küken am
ersten Tag ihres Lebens lebendig geschreddert oder
vergast. Und diese Verfahrensweise wurde weiter
und weiter erlaubt, weil es angeblich keine praxis-
tauglichen Alternativen gibt. Bei dieser unvorstell-
bar hohen Zahl „45 Millionen" stockt mir der Atem
und ich kann nicht begreifen, wie man es fertig bringen kann auch nur ein einziges dieser süßen, flau-
schigen Tierchen lebendig in einen Schredder zu
werfen, geschweige denn körbeweise. Bei dem Gedanken daran zerreißt es mir schier das Herz. Ab
Januar 2022 soll zwar durch ein gesetzliches Verbot
mit dieser Methode endlich Schluss sein, aber mir
stellt sich die Frage, ob die Industrie nicht doch wieder ein Schlupfloch finden wird und wenn nicht
und das Verbot tatsächlich durchgesetzt wird, dann
wartet auf die männlichen Küken trotzdem kurze
Zeit später der Tod und ihr Leiden wird dadurch
vielleicht sogar eher noch vergrößert. Das ganze
Problem ist ursprünglich entstanden, weil die Hühner immer mehr darauf gezüchtet wurden, unnatürlich große Mengen an Eiern für den menschlichen Genuss zu produzieren und dabei der
Fleischansatz der Tiere gegen Null ging. Größtmög-
licher Profit steht auch hierbei im Vordergrund.
Dass es sich bei den Produkten um Lebewesen mit
Gefühlen handelt, das nimmt die Lebensmittelbranche
che gar nicht wahr. Wie kann so etwas möglich

sein? Ich weiß, dass Eier sehr lecker schmecken. Als Rührei, Spiegeleier oder im Kuchen habe ich sie geliebt. Hinter diesem kurzzeitigen Gaumenkitzel steht allerdings so unendlich viel Tierleid, dass ich nie begreifen werde, wie die Lebensmittelindustrie es je schaffen konnte, diese grausame Praxis einzuführen und über so viele Jahre zu rechtfertigen. Weiter ausführend möchte ich hier nicht nur über die getöteten männlichen Küken sprechen, sondern auch über die Legehennen, die ihr kurzes, meist nicht mal einjähriges Leben damit zubringen, jeden Tag Eier zu legen und sich dabei mit ihren völlig ausgelaugten Körpern gegenseitig noch zu zerhacken, soweit es der unter großen Schmerzen kupierte Schnabel denn zulässt. Wenn ich mir den 1. Paragraphen des deutschen Tierschutzgesetzes vor Augen führe, lese ich, angesichts dessen, was ich alles über die industrielle Tierhaltung weiß und selber gesehen habe, nur leere Worte, die den Schein wahren sollen, dass die Tiere den Menschen am Herzen liegen würden.

*„Zweck dieses Gesetzes ist es, aus der Verantwortung des Menschen für das Tier als Mitgeschöpf dessen Leben und Wohlbefinden zu schützen. Niemand darf einem Tier ohne vernünftigen Grund Schmerzen, Leiden oder Schäden zufügen."*

*(§ 1 aus dem deutschen Tierschutzgesetz)*

Das sind sehr hochtragende Worte, aber leider hat der Mensch bestimmt, dass Lebensmittelproduktion scheinbar einen vernünftigen Grund darstellt, um all die Gräueltaten an den Tieren durchzuführen und zu rechtfertigen. Ich kann nur hoffen, dass immer mehr Menschen erkennen werden, dass die Art und Weise, wie wir diese Tiere nutzen, nicht akzeptabel und vor allem vollkommen unnötig ist. Eine rein pflanzliche Ernährung ist nicht nur möglich, sondern auch noch sehr gesund, wenn sie ausgewogen zusammengestellt ist, was kein Kunstwerk ist, bei der angesprochenen großen Auswahl an pflanzlichen Lebensmitteln. Natürlich möchte ich nicht abstreiten, dass es mir teilweise auch ganz schön schwergefallen ist, auf all die leckeren Sachen zu verzichten und noch heute gehe ich manchmal mit sehnsüchtigem Blick an den Truhen mit den zahlreichen Tiefkühlpizzen vorbei, während mir das Wasser im Munde zusammenläuft. In den Bäckereien dazustehen, auf die vielen leckeren Torten und Kuchen zu blicken, ohne sie zu kaufen, bedeutete mehr als einmal verzichten für mich. Aber mit den Bildern von dem ganzen Tierleid im Kopf, war es für mich dann jedes Mal doch klar, wie meine Konsumentscheidung diesbezüglich ausfallen würde. Ich wünsche mir sehr, dass immer mehr Menschen den eigenen Fleischkonsum ganz überdenken, reduzieren oder zumindest auf Bio-zertifizierte Produkte umsteigen, da die Tiere in der biologischen Landwirtschaft zumindest ein kleines bisschen besser gehalten werden und auch mal freien Himmel sehen dürfen. Das wäre auch im Rahmen des Klimawandels enorm wichtig. Nur die biologische Landwirtschaft macht es möglich, die Böden so zu nutzen, dass sie sich wieder regenerieren können, um so die Ernährung auch für alle zukünftigen Generationen zu sichern. Natürlich müssen wir als Gesellschaft dann auch gleichzeitig dafür sorgen, dass sich nicht nur die Besserverdienenden den Einkauf im Biosupermarkt leisten können. Das ist sicherlich keine einfache Aufgabe, aber ich denke, wir sind es den Tieren und auch den Menschen schuldig, es zumindest zu versuchen.

Meine Worte können nicht annähernd das ganze Ausmaß an Leid von Milliarden Lebewesen in der Massentierhaltung transportieren, aber ich hoffe sehr, dass sie trotzdem nicht nutzlos auf dem Papier verweilen, sondern bei dem ein oder anderen im Herzen ankommen werden und dort den Weg bereiten für einen Wandel unserer Zeit. Einen Wandel hin zu einer Welt, die für alle Lebewesen wieder gleichermaßen da ist, und in der sich der Mensch nicht allen anderen Lebewesen gegenüber überlegen fühlt, sondern in der er Mitgefühl verspürt für alles was lebt, sowohl für andere Mitmenschen als auch für die Tiere, und dass er verantwortungsvoll mit der Natur und den vorhandenen Ressourcen umgeht. Ich wünsche mir eine Welt, in der wir wieder mehr im Einklang mit der Natur leben und uns möglichst nur die Dinge nehmen, die wir zum

Leben wirklich brauchen und nicht weiterhin Tonnen von Abfall produzieren, den wir dann nicht mal mehr entsorgen können. Wenn ich mir aktuelle Dokumentationen über vegane Ernährung anschaue, um die Meinung der Gesellschaft über vegane Ernährung im Auge zu behalten, höre ich leider immer noch darin den Ausdruck: „Vegane Ernährung wäre extrem". Das ist sie, in der Tat. Allerdings in einem anderen Kontext, als es dort gemeint wurde. Sie ist extrem: extrem gesund, extrem tierfreundlich und extrem umweltfreundlich, einfach extrem lebensfreundlich. Was wirklich EXTREM furchtbar ist, das sind die Bedingungen, unter denen die meisten Nutztiere gehalten und getötet werden. Was ich hier an Erlebnissen und Erfahrungen weitergeben möchte, hat in meinen Augen nichts mit Missionieren zu tun, sondern ich möchte mit diesen Seiten einfach nur auf die Hölle aufmerksam machen, in der Milliarden Nutztiere leben und sterben müssen. Würde der Großteil der Menschen auf unserer Welt, zumindest diejenigen, denen das möglich ist, sich vegan ernähren oder den eigenen Fleischkonsum zumindest deutlich reduzieren, könnte eine ganz andere Welt entstehen. Es gäbe sehr viel weniger Tierleid, die Umwelt hätte eine Chance sich zu regenerieren und die Pharma-Industrie könnte quasi ihre Koffer packen, weil die vielen ernährungsbedingten Krankheiten wie Diabetes, Herzkreislauferkrankungen, Gicht und auch einige Krebsarten mehr und mehr verschwinden würden. Wir würden nicht weiterhin den brasilianischen Regenwald abholzen und roden, nur um Futter für die Tiere zu produzieren, die wir später essen wollen. Die bestellten Felder würden wieder dazu dienen, Nahrung direkt für uns Menschen zu produzieren. Auf diesem Weg könnten wir auch viel mehr Menschen davon ernähren und somit den Kampf um den Hunger auf der Welt zumindest ein bisschen vorantreiben. Die Welt, das Denken und Handeln der Menschen muss sich verändern, denn wir steuern auch klimatechnisch mit 200 Sachen auf den Abgrund zu. Wir müssen jetzt Stopp sagen und endlich an den richtigen Schrauben drehen! Wenn noch mehr Menschen erkennen würden, dass es der Pharma-, Fleisch-, Milch-, und Eierindustrie nicht darum geht, dass wir ein langes und zufriedenes Leben genießen können, sondern dass es ausschließlich um Geld und Produktivität geht, dann könnten wir anfangen, durch veränderten Konsum gemeinsam dagegen etwas zu tun. Es geht um das Leben der Tiere, aber auch um unser eigenes Leben und das Leben der nachfolgenden Generationen. Jeder von uns muss für sich selbst entscheiden, in was für einer Welt er leben möchte und jeder einzelne von uns kann dadurch an jedem Tag mit seinen Entscheidungen dazu beitragen etwas zu verändern. Auch wenn es in diesem Buch primär um die Pferde gehen soll, war es mir sehr wichtig, vorher ausführlich über das Thema Nutztierhaltung zu schreiben, da es mir genauso sehr am Herzen liegt, wie die Befreiung der Pferde.

## Mein Weg mit den Pferden

*"Ein Pferd, ein Pferd, mein Königreich für ein Pferd."*
*(William Shakespeare, englischer Lyriker)*

Seit ich 6 Jahre alt war, verbrachte ich den größten Teil meiner Freizeit bei den Pferden. Ich hatte über die Jahre diverse Pflegepferde und Reitbeteiligungen und viele Ferien verlebte ich überglücklich auf diversen Ponyhöfen. Für mich lag damals das Glück der Erde auf dem Rücken der Pferde, denn ich war ein Pferdemädchen durch und durch. Deshalb war es auch nicht verwunderlich, dass der Wunsch nach einem eigenen Pferd während meiner Jugendzeit immer größer wurde. Ich bettelte meine Eltern jahrelang immer wieder an, und schließlich zahlte sich meine Beharrlichkeit dann zum Glück irgendwann auch aus. Letztendlich verstand meine Mutter, dass ein eigenes Pferd haben zu wollen nicht nur eine flüchtige Teenagerlaune von mir war, sondern ein wirklicher Herzenstraum, der sich nicht in Luft auflösen würde. Der Moment als meine Mutter mir sagte, ich dürfe mir ein eigenes Pferd kaufen, war einer der glücklichsten Augenblicke in meinem Leben. Das Strahlen auf meinem Gesicht war unübersehbar. Endlich ein eigenes Pferd. Ich flippte fast aus vor Freude und tanzte wild durchs ganze Haus. So dauerte es auch nicht sehr lange, bis ich mich in die braune Andalusierstute Cara verliebte und sie gekauft habe. Sie stand eine ganze Weile gesund und munter in dem Offenstall, in dem ich auch reiten gelernt und fast meine gesamte bisherige Reiterzeit verbracht hatte. Diese Art der Haltung ist für mich schon damals vollkommen natürlich gewesen. Als ich allerdings ein paar Jahre später meine Ausbildung zur Pferdewirtin begonnen habe, dachte ich, dass mir zu wenig Zeit für die Selbstversorgung im Offenstall bleiben würde und so musste Cara in einen Stall mit Einzelboxen umziehen, wo alles rund um die Versorgung meines Pferdes von anderen erledigt wurde. Tagsüber standen die Pferde zusammen auf einem Auslauf oder der Koppel, nachts in der Box. Soweit schien alles erstmal gut zu sein, aber etwa ein halbes Jahr später fing dann für Cara der lange Leidensweg mit immer wiederkehrenden Sehnenschäden und Arthrose in den Gelenken an. Mir ist damals leider noch nicht klar gewesen, welche negativen Auswirkungen die Boxenhaltung auf den Bewegungsapparat von Pferden hat. Werden Gelenke, Sehnen und Bänder nicht ausreichend aktiviert durch stetige, leichte Bewegung, führt dies häufig zu Erkrankungen dieser Strukturen. Das lange Stillstehen in einer Einzelbox kann diesem Anspruch nicht gerecht werden und die meist schlecht strukturierten Paddocks bieten den Pferden auch meistens viel zu wenig Anreiz dazu, sich ausreichend zu bewegen. Cara ist trotz allem über 15 Jahre lang eine treue Gefährtin an meiner Seite gewesen und hat mein Leben sehr bereichert. Am Ende meines Studiums musste ich sie dann aber leider, im Alter von 20 Jahren, wegen der chronischen Lahmheit einschläfern lassen. Unsere gemeinsame Reise war einerseits wunderbar, aber auch turbulent und teilweise sehr schmerzhaft, für sie und für mich. Ich habe sehr viele Fehler gemacht, aber dadurch konnte ich auch lernen, wachsen, mich weiterentwickeln und den Grundstein dafür legen, wie ich heute über den Umgang mit Pferden und deren Haltung denke. Vielleicht schaffe ich es mit diesen Worten, mit diesem Buch zu verhindern, dass andere dieselben Fehler machen werden wie ich und ermögliche ihnen dadurch, eine andere Art von Beziehung zu ihrem Pferd zu entwickeln, die von gegenseitigem Verständnis und Gemeinschaft geprägt ist.

Der Tag, an dem ich die Entscheidung treffen musste, Cara gehen zu lassen, war ein schöner und sonniger Frühlingstag. Der gelbe Löwenzahn blühte und das grüne Gras stand saftig auf den Wiesen. Cara lahmte nun schon seit einer Weile auch im Schritt, jede Wendung auf dem Bein bereitete ihr offensichtlich Schmerzen und keine der Behandlungen schlug mehr an. Gelenksinjektionen, Schmerzmittel, Akupunktur und Homöopathie, ich hatte so vieles ausprobiert. Schon im Stand entlastete sie permanent ihren Vorderhuf und da war für mich unweigerlich der Punkt erreicht, an dem ich für mein Pferd eine Entscheidung treffen musste. Ich war die ganze Zeit bei ihr und begleitete sie auf ihrem letzten Weg. Es brach mir fast das Herz, dieses wunderbare Pferd, das so lange ein großer und wichtiger Teil meines Lebens gewesen ist, aus meinem Leben gehen zu lassen, und ich weinte bitterlich um diesen Verlust. Aber die Zeit verging, die Wunde heilte allmählich und das Leben ging trotz allem stetig weiter.

In den Jahren nach Caras Tod hatte ich dann fast nur noch beruflich mit Pferden zu tun. Ich hatte es mit einer Reitbeteiligung auf einer süßen Norwegerstute ausprobiert, aber mir wurde schon bald klar, dass dieses süße Pony sehr viel weniger Spaß an unseren gemeinsamen Ausritten durch die Natur hatte als ich. Sie zeigte mir nämlich zu deutlich schon zu Beginn eines jeden Ausrittes, dass sie viel lieber umdrehen und zurück zu ihrer Herde wollte. Ich musste sie durch massives Treiben dazu bringen, weiterzugehen. Irgendwann gab sie dann ihren Widerstand auf, aber je öfter ich das tun musste, desto weniger gut fühlte es sich für mich an. Deshalb beendete ich die gemeinsame Zeit mit diesem Pferd auch recht schnell wieder. Auf eine andere Weise als reitend Zeit mit diesem Pferd zu verbringen, ist mir zu der Zeit noch nicht in den Sinn gekommen. Dieses Umdenken begann erst allmählich, als ich angefangen habe, in einem veganen Verein mitzuwirken, der dringend Hilfe suchte für die

Betreuung seines social Media Bereichs. Durch die Mitarbeit in diesem Verein kam ich dann noch viel intensiver mit dem Thema Tierrechte und Nutzung von Tieren in Berührung und stellte dadurch auch meine Einstellung über den Umgang mit den Pferden immer weiter in Frage. Inwieweit durfte ich diese wunderschönen und sensiblen Tiere überhaupt für meine Bedürfnisse und Freuden nutzen? Ich stellte mir immer öfters die Frage, ob das alles so in Ordnung ist, was wir Menschen mit den Pferden machen. Ob wir das Recht haben, sie für unser Vergnügen zu benutzen und insbesondere ob wir überhaupt das Recht haben, auf Pferden zu reiten? Früher hätte ich auf diese Frage sofort mit einem deutlichen "Ja klar" geantwortet, denn zu reiten war für mich schon immer eine der schönsten Arten, meine freie Zeit zu verbringen. Auch heute noch beschleicht mich hin und wieder eine tiefe Sehnsucht danach, mich auf den Rücken eines Pferdes zu schwingen und loszureiten. Ich erinnere mich daran zurück, wie es war, was ich dabei empfunden habe. Ich spürte das weiche Fell und die Körperwärme unter mir, die Bewegungen des Pferdes wiegten mich in einem sanften Rhythmus. Mein Blick ging dabei weit über die Felder hinaus Richtung Horizont. Wenn ich ohne Sattel und mit ausgestreckten Armen über ein abgemähtes Stoppelfeld galoppierte, war das für mich ein unglaubliches Gefühl von Freiheit und Lebendigkeit. Dabei konnte ich eins sein mit dem Pferd, mit allem um mich herum, und alle alltäglichen Probleme waren während dieser Zeit vergessen. Sobald ich aufgestiegen war und das Pferd unter mir fühlen konnte, breiteten sich ein großes Glücksgefühl sowie eine tiefe, innere Ruhe in mir aus.

Und so geht es mit Sicherheit auch vielen anderen Pferdemenschen, denen der Umgang mit dem Pferd, aber eben auch besonders das Reiten, aus ähnlichen Gründen großes Vergnügen bereitet. Eigentlich ist es ja etwas Wunderbares, mit dem Pferd auf diese Weise in Verbindung zu treten. Im Laufe der Zeit gab es für mich aber immer mehr eindeutige Argumente, die dagegensprechen, dass wir unser eigenes Glück auf dem Rücken der Pferde zu finden versuchen. Pferde sind von ihrer Anatomie her für das Reiten nicht geschaffen. Die Knochen, die Organe, die Muskeln, Sehnen, Bänder und alles andere, was zum Körper dazu gehört, sind einzig und allein dafür konzipiert worden, die Pferde optimal an ihre Lebensbedingungen anzupassen. Ein Reiter ist dabei von der Natur nicht in die Gleichung mit einbezogen worden. Und nur weil der Mensch irgendwann erkannt hat, dass es sehr viele Vorteile hat, sich auf den Pferderücken zu schwingen, ändert sich diese Tatsache trotzdem nicht. Jedes Mal, wenn ich bei meiner Arbeit als Tierärztin im Rahmen einer klinischen Untersuchung den Rücken eines Pferdes abgetastet habe und das Pferd schon unter leichtem Druck schmerzhaft seinen Rücken nach unten wegdrückte, bestätigte sich für mich diese Annahme. Selbst wenn die Pferde beim Reiten keine körperlichen Schäden davontragen würden, wie fühlen sie sich dabei wirklich? Können sie das Reiten ebenso genießen, wie ihr stolzer Reiter? Was empfinden sie dabei, einen Menschen auf ihrem Rücken zu tragen, der ihnen vorgibt, in welcher Gangart und in welche Richtung sie zu laufen haben und sie dazu noch von der Sicherheit der eigenen Herde trennt? Für das Fluchttier Pferd ist es zunächst eine überaus bedrohliche Situation, etwas auf dem eigenen Rücken zu spüren, denn genau das tun Raubtiere, wenn sie die Pferde angreifen. Sie springen auf ihren Rücken. Durch viel Zeit und Vertrauen kann man den meisten Pferden sicherlich beibringen, dass es nichts Bedrohliches darstellt. Leider werden gerade viele Sportpferde auf sehr wenig sanfte Art und Weise eingeritten, denn innerhalb kürzester Zeit müssen sie funktionieren. Die meisten von ihnen sind noch nicht mal ausgewachsen, gerade die Junghengste, die für die Körung vorbereitet werden. Auch wenn man sein Pferd langsam und rücksichtsvoll einreitet, ergeben sich aus meiner Sicht durch das Reiten generell diverse weitere Probleme für das Pferd. Der Sattel ist in meinen Augen ein sehr heikles Thema. Kann man überhaupt einen passenden Sattel finden, der dem Pferd keinerlei Probleme bereitet? Das Leben ist permanenter Wandel. Deswegen verändert sich auch das Pferd und somit auch die Form seines Rückens ständig, aber die meisten Sättel haben einen starren Sattelbaum. Ein Sattel soll den Rücken des

Pferdes vor punktueller Überbelastung durch den Reiter schützen, muss aber absolut perfekt auf dem Rücken des Pferdes aufsitzen. Auch wenn ein Sattel einmal richtig und gut angepasst wurde, führt er trotzdem irgendwann unweigerlich zu Problemen, weil die Rückenform und die Muskulatur nicht genau gleichbleiben werden. Zu viele Pferde tragen sichtbare Spuren in Form von weißen Haaren auf dem Widerrist, in dem Bereich, wo der Sattel über lange Zeit gedrückt und gescheuert haben muss. Nicht ohne Grund sieht man so unglaublich viele Pferde mit Sattelzwang. Das reicht vom leichten Ohrenanlegen während des Gurt Anziehens, bis hin zu heftigen Beißattacken gegenüber dem Menschen. Ich möchte mir gar nicht vorstellen, wie viele Pferde jeden Tag mit einem Sattel geritten werden, der an irgendeiner Stelle unangenehm drückt oder ihm sogar Schmerzen bereitet, ohne dass sein Reiter etwas davon mitbekommt, denn Pferde leiden nun mal stumm. Könnte vielleicht ein baumloser Sattel eine annehmbare Alternative sein oder eher noch das Reiten ganz ohne Sattel? Dazu gibt es viele Diskussionen, und jeder scheint damit andere Erfahrungen zu machen. Aber auch ein flexibler „baumloser" Sattel ohne starren Sattelbaum passt nicht automatisch auf jeden Pferderücken. Beim Reiten ganz ohne Sattel lastet das Gewicht des Reiters punktuell im Bereich der beiden Sitzbeinhöcker. Bei einem Pferd mit nicht ausreichend ausgebildeter Rückenmuskulatur führt auch dies unweigerlich zu Schmerzen. Vom Sattel, der also mehr oder weniger passend auf dem Rücken des Pferdes vergurtet wird, führten meine Überlegungen mich weiter zu der Problematik des passenden Reitergewichts. Wie schwer darf ein Reiter generell und im Verhältnis zu der Größe und des Körperbaus seines Pferdes sein, damit er sich noch guten Gewissens auf den Rücken seines Pferdes schwingen darf, ohne das Pferd zu überlasten? Darüber sollte sich jeder Reiter ausreichend Gedanken machen, bevor er sich auf sein Pferd setzt. Wer schon einmal mit einem zu schweren und dazu nicht gut angepassten Wanderrucksack eine längere Strecke laufen musste, kann meine Gedanken hierzu vielleicht nachvollziehen. Egal wie man nun auch immer auf dem Pferderücken sitzt, zwei Zügel hat jeder Reiter dabei in der Hand und genau deshalb fragte ich mich weitergehend, wie unangenehm oder sogar schädlich das Reiten mit Gebiss für die Pferde wohl sein mag? Hat ein hartes Stück Metall im dem zarten, empfindlichen Pferdemaul überhaupt etwas zu suchen? Dort liegt es auf der Zunge und im Bereich der Laden auf dem harten Unterkieferknochen, der dort nur bedeckt ist von einer dünnen, mit zahlreichen Nervenzellen durchzogenen Schleimhautschicht. Wie fühlt sich wohl ein Ruck am Zügel für das Pferd an? Wer sich selbst schon mal auf die Zunge gebissen hat, der weiß, wie schmerzempfindlich die Zunge ist und das ist beim Pferd genauso. Wenn man auf das Gebiss verzichten würde und eine der vielen gebisslosen Zäumungen wählt, ist das vertretbar oder ist der Druck auf den knöchernen Nasenrücken ebenso problematisch und unangenehm für das Pferd? Auch hier gehen die Meinungen der Pferdeleute stark auseinander. Es gibt viele Argumente pro und contra Gebiss. Was für mich aber am Ende das ausschlaggebende Argument war, war die Frage, wie viele Reiter so gut reiten können, dass sie dem Pferd beim Reiten weder mit Gebiss noch ohne Gebiss unangenehmen Druck oder Schmerzen bereiten würden. Wenn es solche Reiter überhaupt gibt, wie sind sie dahin gekommen? Wie vielen Pferden haben sie beim Reiten lernen unsanft im Maul gezogen? Wenn ich mir überlege, wie oft ich im Laufe meines Reiterlebens die Zügel zu stark angezogen habe oder den Zügel auf einer Seite herumgerissen habe, um das Pferd in schwierigen Situationen noch in eine Richtung lenken zu können, dann muss ich definitiv zugeben, dass die Pferde darunter gelitten haben oder es zumindest als ziemlich unangenehm empfunden haben müssen. Wie viele von all den Reitern haben tatsächlich eine so feine Hand, dass solch ein massives Engreifen im Maul nicht vorkommt? Ich glaube, es sind eher wenige. So gingen meine Überlegungen zum Thema Reiten vom Material, das man dem Pferd zum Reiten anlegt, dann auch noch weiter zu den unterschiedlichen Nutzungsrichtungen des Pferdesports. Beim Springen werden die Gelenke, Sehnen und Bänder des Körpers stark überlastet, weil diese Art der Nutzung nicht den natürlichen Bewegungsabläufen der Pferde entspricht. Wildpferde überspringen höchstens mal einen kleinen Ast oder Baumstamm, der im Weg liegt, wenn sie nicht ausweichen können. Der Springsport reicht vom kleinen Cavaletti für die Anfänger, die die Pferde sicherlich noch unbeschadet und leicht überspringen können, bis hin zu riesigen Oxer Sprüngen oder sogar gefährlichsten Geländehindernissen, an denen immer wieder Pferde schwer verunglücken und im Anschluss sogar eingeschläfert werden müssen. Wenn ein Pferd die Wahl hätte, würde es sicherlich immer um solche Hindernisse herumlaufen, statt sie zu überspringen. Aber der Springsport übt leider eine viel zu große Faszination auf die Menschen aus, und die wenigsten Springreiter machen sich Gedanken über die vielen negativen Auswirkungen, welche die Pferde dadurch erleiden. Es geht gerade im Profisport, aber auch im Freizeitbereich, zu häufig nur um höher, schneller, weiter. Das ist die Devise und es kommt dabei natürlich auf Leistung und Gewinnen an. Mir war schon lange klar, dass ich diese Form der Pferdenutzung nicht befürworten konnte. Also kein Springen, aber vielleicht ist Dressurreiten ja besser, unschädlich oder sogar nützlich für die Pferde? Stellt die Dressur wirklich eine Form der gesunden Gymnastizierung dar, oder werden die Pferde dabei in einer für sie unnatürlichen Haltung dazu gebracht, komprimiert verschiedenste Bewegungsabläufe auszuführen, die nur dem Menschen bei der Einübung und Ausführung Vergnügen bereiten? In der Dressurreiterei soll das Pferd den Hals wölben und den Rücken heben, um das Gewicht des Reiters unbeschadet tragen zu können, aber wo sieht man in freier Natur die Pferde in dieser Haltung laufen? Das sieht man ausschließlich bei Hengsten, die Imponierverhalten gegenüber einem anderen Hengst zeigen, und das kommt auch nicht täglich und über längere Zeit vor. Ist es also gerechtfertigt, die Pferde über eine längere Zeit in eine für sie unnatürliche Haltung zu bringen, nur damit sie einen Menschen auf dem Rücken tragen können? Mal davon abgesehen, dass die meisten Reiter gar nicht das nötige reiterliche Können dazu haben, um die Pferde entspannt und locker in dieser Haltung reiten zu können. Da sitzt dann oft ein völlig verspannter, meist noch gestresster Reiter schief auf seinem Pferd, das diesen Menschen ausbalancieren muss und dabei noch verschiedenste Lektionen in vollendeter Körperhaltung laufen soll. Das geht für mich an der Realität in der Reiterwelt leider vollkommen vorbei. Zu oft habe ich laute, penetrant dröhnende Stimmen aus den Reithallen vernommen von Reitlehrern, die sowohl Pferd als auch Reiter zu etwas bringen wollten, was fern war von Natürlichkeit, Eleganz und Anmut ohne jegliche harmonische Verbindung zwischen den zwei Lebewesen, die da miteinander agieren.

Auch in der Westernreitszene sieht es leider nicht viel anders aus. Früher war ich begeistert von dieser lockeren Art zu reiten. Kein Sperrriemen schnürt den Pferden das Maul zu, die Zügel hängen locker durch und die Pferde reagieren auf die kleinsten Gewichtshilfen, um die Richtung und die Gangart zu ändern. So sollte es zumindest sein, dachte ich. Eine Freundin zeigte mir mal ein Video von einem Westernpferd, das sie gerne kaufen wollte. In diesem Video sah man eine kurze Sequenz aus dem Training mit der Stute. Das Erste, was die Stute anscheinend lernen musste, war es, den Kopf beim Reiten gesenkt zu halten. Immer wenn die Stute den Kopf wieder angehoben hat, hat die Trainerin die Stute mit leichtem Druck auf das Genick wieder dazu veranlasst, den Kopf erneut abzusenken. Diese Erziehungsmaßnahme von der Trainerin ging eine ganze Weile so weiter. Aber wenn überhaupt, dann sollte das Pferd von sich aus den Kopf locker gesenkt tragen und nicht in diese Haltung gezwungen werden müssen. Das romantische Bild des Marlboro Cowboys, der mit seinem Pferd über die Prärie reitet, wie wir es aus den vielen Westernfilme kennen, entspricht leider nicht dem, was man gerade in der Turnierszene im Westernsport sieht. Die einzelnen Disziplinen belasten den Körper der Pferde viel zu sehr, als dass es gesund sein könnte, wenn man sich zum Beispiel den „Sliding Stop" aus vollem Galopp ansieht. Sicherlich gibt es sehr viele Reiter, in jeder Disziplin, die ihre Pferde mit Liebe und achtsamen Respekt behandeln und sich sehr um das Wohlergehen des Pferdes bemühen, aber es gibt leider ebenso viele, die dies nicht tun.

Wenn ich mich nun aber als Reiter vom eigentlichen Pferdesport distanziere und nur das Beisammensein beim Reiten mit meinem Pferd genießen möchte, könnte ich dann wenigstens guten Gewissens die entspannten Ausritte in die Natur genießen? Ich bin mir sicher, dass es viele Pferde gibt, die daran Freude haben, gemeinsam mit Ihrem Besitzer und vielleicht noch anderen Pferden durch die Natur zu streifen. Zumal es eine zusätzliche Bewegungsmöglichkeit darstellt, als Ergänzung zu den eingeschränkten Möglichkeiten in den meisten Pferdehaltungen. Aber auch dafür muss der Reiter einen recht sicheren und gut ausbalancierten Sitz auf dem Pferd haben. Wie kann man aber den eigenen Sitz und die Sensibilität der Hilfengebung verbessern, ohne dem Pferd bis dahin Schäden oder Leid zuzufügen? Ist es gerechtfertigt, sich als ungeübter Reiter auf ein Pferd zu setzen, und was ist mit den kompletten Reitanfängern, die sich in den Sattel wagen möchten? Ein Schulpferd zu sein ist sicherlich in den allermeisten Fällen nicht sehr angenehm, denn es ist noch kein Reiter als Meister vom Himmel gefallen. Da wird den Pferden mal unsanft in den Sattel geplumpst, an den Zügeln gezogen oder die Hacken werden dem Pferd in den Bauch getreten. Nicht aus Böswilligkeit dem Pferd gegenüber, sondern eher aus mangelndem Vermögen und Unverständnis. In meiner früheren Ausbildung zur Pferdewirtin habe ich viele Schulpferde gesehen, die sich durch Weglaufen, Kopf hochnehmen beim Auftrensen oder buckeln und durchgehen unter dem Reiter ihrer täglichen Last entziehen wollten. Zugehört hat ihnen leider keiner, ihre Gefühle und ihr Befinden wurden einfach ignoriert, übergangen oder sogar gemaßregelt und von dieser Schuld kann ich mich selbst in der Vergangenheit leider auch nicht freimachen. Wenn ich daran denke, wie viel ich jedem einzelnen Pferd beim Reiten lernen mit der Unbeholfenheit und teilweise auch einem gewissen Unvermögen angetan habe muss, dann kann ich nur über mich selbst und über die ganze Reiterei den Kopf schütteln. Am Ende dieser langen Liste von kritischen Fragen über das Reiten konnte ich für mich persönlich nur noch eine Antwort darauf finden, mit der ich mich wirklich wohl fühlte: Ich sollte lieber auf dem Boden bleiben und das Glück in mir selbst, anstatt auf dem Rücken der Pferde suchen.

Ich dachte betrübt an mein Tattoo, mit dem chinesische Zeichen für Pferd auf meinem Oberarm, das mich seit vielen Jahren stillschweigend begleitete. Als ich mich für dieses Motiv entschieden habe, dachte ich, dass es für mich immer eine große Bedeutung haben würde. Und nun war ich kurz davor der Pferdewelt für immer den Rücken zuzukehren. Doch ich spürte irgendwann immer stärker, dass je weniger Zeit ich privat mit Pferden verbrachte und je mehr ich mich von Pferden distanzierte, mir mehr und mehr etwas Essentielles in meinem Leben zu fehlen begann. Vielleicht könnte es für mich einen anderen Weg geben, meine Zeit mit Pferden zu verbringen, ohne sie zu reiten? Das musste einfach möglich sein, denn ich liebte Pferde viel zu sehr und war nicht bereit, sie völlig aus meinem Leben zu streichen. Mir war zu der Zeit noch nicht klar, dass ich sie dafür brauchte, um eine gewisse Leere in mir zu kompensieren. Ich wollte glücklich sein und dachte, das könnte ich eben nur in der Nähe von Pferden erreichen. Aber wirkliches Glück kann man nicht im Außen finden, das kann einem kein anderer Mensch und auch kein anderes Lebewesen geben. Einzig und allein man selbst und die eigene Einstellung zu den Dingen, kann uns dazu bringen, wahres Glück aus uns selber heraus zu empfinden. Ich war in einer gewissen Abhängigkeit gefangen, weil ich mich nicht mit mir selbst auseinandersetzen wollte, und deshalb fühlte ich mich ohne die Nähe zu den Pferden irgendwie verloren.

Ein Wochenendausflug nach St. Peter Ording mit einer sehr guten Freundin brachte mich langsam dazu, meinem Leben eine andere Richtung zu geben und mich mit der Frage zu beschäftigen, wie ich das Glück in meinem Leben wieder finden könnte, welches ich irgendwo auf meinem derzeitigen Weg scheinbar verloren hatte. Wie ich die Leere in meinem Leben beseitigen könnte, die sich immer intensiver in meinem Inneren ausbreitete. Inspiriert durch die tiefgreifenden Gespräche über das Leben und ein faszinierendes Hörbuch über dieses Thema, habe ich mich ein paar Tage später gefragt, was es da draußen noch für Glücksweisheiten zu entdecken gibt, die mir helfen würden, meinem Leben eine neue Richtung zu geben und mich wieder zu mir selbst führen würden. Ich fand einige Antworten dazu in den uralten Lehren des Buddhismus und darüber hinaus entdeckte ich den Pfad der Spiritualität, auf den mich ein wundervoller Podcast über das Leben führte. In einer der Folgen wurde dem Zuhörer dann eine für mich ganz entscheidende Frage gestellt: „Was lässt dein Herz singen"? Diese Worte lösten in meinem Leben eine weitere Welle der Veränderung aus, im absolut positivsten Sinne, denn ich hatte die Antwort sofort in mir gespürt, ohne lange nachzudenken, es war sofort klar.

**Pferde – lassen mein Herz singen!**

Ich wusste ab diesem Moment, das ich mein Tattoo aus einem ganz bestimmten Grund an meinem Körper trug, es sollte mich daran erinnern, was meine größte Leidenschaft, was meine tiefste Sehnsucht ist, was mich in meinem Innersten vollkommen erfüllt, nämlich meine Zeit zusammen mit Pferden zu verbringen. Dass ich mich mit dieser Antwort aber auch wieder nur an etwas festklammerte, das habe ich erst viel später erkannt, aber ich traf daraufhin eine wichtige Entscheidung, die mich dann schlussendlich auf den richtigen Weg führte. Ich hatte das Gefühl, dass es an der Zeit war, ein neues Pferd in mein Leben zu lassen, wobei mir von Anfang an klar war, dass ich hier einen ganz anderen, unbekannten Weg beschreiten würde. Ich würde vieles im Umgang mit diesem Pferd anders machen und es definitiv nicht reiten. Zuallererst wollte ich einen passenden Offenstall finden, in dem möglichst viele der natürlichen Bedürfnisse von Pferden berücksichtigt werden. Dieser Vorsatz stellte sich allerdings als gar nicht so einfach heraus, denn die wenigsten Ställe genügten meinen inzwischen recht hohen Ansprüchen, und im Endeffekt habe ich so einen Stall dann auch nie gefunden.

Es kam aber sowieso völlig anders, als ich es geplant hatte. Ich dachte daran, mir ein junges Pferd zu kaufen, das bisher möglichst wenig schlechte Erfahrungen mit dem Menschen gemacht hatte und noch nie geritten wurde, und das auch nie in seinem Leben geritten werden würde. Ich malte mir im Kopf aus, wie ich mit meiner kleinen Stute gemeinsam am Strick durch die Natur spazieren würde. Wie wir einen gemeinsamen Rhythmus finden und eine harmonische Einheit bilden würden. Aber das Leben hatte etwas anderes mit mir vor. Bei der Besichtigung eines potenziellen Stalles lernte ich dann mein neues Pferd „Balu" kennen. Die Stallbetreiberin erzählte mir bei unserem Rundgang von ihm, von den Problemen, die seine Besitzerin mit ihm hatte und dass sie ihn in gute Hände abgeben möchte. Es war, als hätte dieses Pferd nur auf mich gewartet, um mich auf meinem Weg ein Stück lang zu begleiten. Wir waren wie füreinander bestimmt, das Universum hat uns auf magische Weise genau zur richtigen Zeit am richtigen Ort zusammengeführt. Die frühere Besitzerin liebte dieses hochsensible, ängstliche Pferd, aber sie fand einfach keine Möglichkeit, mit ihm eine Einheit zu bilden. Das was sie sich von dem Zusammensein mit einem Pferd erhoffte, konnte Balu ihr mit seiner besonderen, ganz speziellen Art nicht geben. Und so begann ich, mich mit ihm zu beschäftigen und spürte sehr schnell, dass da eine ganz besondere Verbindung zwischen uns bestand. Ich bin mir sicher, dass uns das Leben aus einem ganz bestimmten Grund zueinander geführt hat und dass wir uns gegenseitig angezogen haben, um voneinander und miteinander zu lernen. Mir war aber auch von Anfang an klar, dass dies keine einfache Aufgabe sein würde, kein seichter, bequemer Spaziergang durch mein Leben. Einen kurzen Moment habe ich gezögert vor dieser großen Herausforderung, aber zum Glück habe ich meinen Zweifeln und Ängsten kein Gehör geschenkt, sondern bin meinem Herzen gefolgt. Als ich ihn übernommen habe war mir noch nicht klar, wie tief seine verschiedenen Traumata in ihm verwurzelt waren und was das für den Umgang mit ihm bedeutete. Ihn aus dem Auslauf rauszuholen und dann am Putzplatz anzubinden, war kaum möglich. Er schnaubte und prustete und schien

Angst vor allem Möglichen zu haben, als würden mindestens zwei Berglöwen hinter der nächsten Ecke darauf warten ihn zum Abendbrot zu verspeisen, und seine bevorzugte Lösung für dieses Problem war die Flucht. Er rannte einfach los in Richtung des sicheren Auslaufs zu den anderen Pferden. Dort fühlte er sich wieder sicher. Die andere Variante war, erst wie angewurzelt stehen zu bleiben, kombiniert mit der daran anschließenden Flucht. Ich wollte ihm also helfen, seine zahlreichen Ängste zu überwinden, damit das Leben auf dem Hof für ihn entspannter werden könnte. Ich wusste von Anfang an, dass ich mit Druck bei ihm nichts erreichen würde, wenn ich ihn nicht zum Explodieren bringen wollte. Außerdem wollte ich, dass er mir vertrauen kann. Ich suchte nach jemandem, der mehr Erfahrung hatte und uns auf unserem Weg unterstützen würde, aber bei jedem Versuch, einen Trainer oder Mentor zu finden, der mir dann irgendwann sagte, wir hätten ein Respektsproblem, hat sich diese „Diagnose" in meinem Herzen niemals richtig angefühlt. Da ich beschlossen hatte, im Leben möglichst nur noch meiner inneren Stimme, der Stimme meines Herzens zu folgen, habe ich in mich hineingespürt und einfach weiterhin nur das gemacht, was sich richtig angefühlt hat. Ich gab Balu Zeit. Ich schenkte ihm Verständnis. Ich forderte ihn heraus, aber er durfte selbst entscheiden, bis wohin er bereit war mir zu folgen. Ich habe gelernt zu spüren, wann es ihm zu viel wird und ich habe vor allem gelernt, dass er mich durch sein Verhalten

spiegelt und mir meine eigenen versteckten Themen vor Augen führt, die ich bisher erfolgreich verdrängt und in einer schattigen Ecke meiner Seele
weggeschlossen hatte. Balu half mir, einige dieser
sogenannten Schatten ans Licht zu bringen und
mich ihnen zu stellen, denn ich hatte nie richtig gelernt, gegenüber dominanten Personen meine Meinung zu vertreten und mich durchzusetzen. Ich
hatte bisher immer den Rückzug gewählt, mich un-
tergeordnet oder einfach nur geschwiegen und mir
auf diese Weise immer selbst verwehrt, das auszu-
leben, was wirklich in mir steckt, auszudrücken,
wofür ich stehe und zu zeigen, was ich alles sein
kann. Pferde können einen durch ihre feine Wahrnehmung regelrecht auslesen und die wirkliche,
emotionale Verfassung, in der man sich während
des Kontakts mit dem Pferd befindet, sofort erkennen. Man kann ihnen nichts vormachen, so wie wir
das bei anderen Menschen oft versuchen. Im Bei-
sein des Pferdes treten die eigenen Empfindungen
offen zu Tage und das ist gerade das Wertvolle
beim Umgang mit diesen sensiblen Tieren. Durch
die Reaktionen des Pferdes kann man unglaublich
viel über sich selbst lernen und Dinge erkennen, die
einem sonst nie klar geworden wären beziehungsweise niemals auf so einfache und unverfälschte Art
und Weise. Jede Reaktion von Balu hatte also auch
etwas mit mir und meinem Verhalten zu tun, und
diese Erkenntnis war mir für den Umgang mit diesem hochsensiblen Pferd sehr hilfreich. Also war
unser Zusammensein und was wir daraus lernen

konnten uns beiden gleichermaßen dienlich. Ich versuchte von Anfang an ihm nicht den Stempel „Problempferd" aufzudrücken, sondern ihn als ein ganz besonderes Pferd zu sehen, das uns dazu gebracht hat, miteinander wachsen zu können. Es ging mir nie um Training mit ihm. Ich wollte lediglich sein Vertrauen gewinnen, um ihm und mir eine schöne gemeinsame Zeit zu ermöglichen. Die einzige sogenannte Trainingsmethode, die ich in der Anfangszeit bei ihm angewendet habe, ist die positive Verstärkung mit dem Clicker und anschließender Belohnung mit Futter. Balu hat auf diese Weise zum Beispiel gelernt, dass es positiv für ihn ist, wenn er sich an furchterregende Gegenstände heranwagt und diese mit der Nase berührt. Und es gab sehr viele Dinge, wovor er große Angst zeigte. Dieses kleine Spiel machte ihm irgendwann richtig gehend Spaß und ich musste ihn dann sogar bremsen, wenn er seine Nase gar nicht mehr von einem Trecker wegnehmen wollte, vor dem er noch kurze Zeit zuvor entsetzlich große Angst gehabt hatte. In manchen Situationen, in denen er sich anspannte und ängstlich zu schnauben begann, ließ ich ihn das "Kopfsenken" ausführen. Auch diese Übung führte er mit voller Begeisterung aus. So konnte ich ihn dann in solchen Momenten ablenken und wieder in die Entspannung bringen. Die Theorie dahinter fand ich sehr schlüssig, denn Pferde lassen nur in entspanntem Zustand den Kopf hängen. So sollte diese körperliche Haltung dazu führen, dass sich das Pferd auch mental wieder entspannen würde.

Ich war am Anfang so begeistert von der Clickerme-
thode, dass ich sogar überlegte mich beruflich in
diese Richtung zu entwickeln, aber ich spürte im
Laufe der Zeit immer mehr, dass die positive Verstärkung nur einen Wegweiser für mich darstellte,
die richtige Richtung einzuschlagen und langsam
eine Beziehung zu Balu aufzubauen. Man bekommt
in den meisten Fällen die Pferde mit der positiven
Verstärkung dazu, Dinge zu tun, die der Mensch
von ihm sehen möchte. Das ist gerade im medizinischen Bereich sehr hilfreich, wenn die Pferde eine
medizinische Behandlung komplett verweigern
und man sie durch gezieltes Training dazu bringen
kann, diese Behandlung zu dulden. Häufig ist es
aber eher ein Über-sich-ergehen-lassen, weniger ein
Verstehen und bereit sein dafür. Es ist immer noch
eine Form der Konditionierung und des Manipulie-
rens. Ich sage was das Pferd tun soll und das Pferd
führt es aus. Auch wenn viele Pferde dabei sogar
großen Spaß zu haben scheinen, so erkannte ich,
dass es in der Beziehung zwischen Mensch und
Pferd immer zwei Beteiligte gibt. Ich musste also
auch an mir selbst arbeiten, wenn ich zwischen uns
die Verbindung stärken wollte. An der Energie, die
ich ausstrahle und die Balu im Zusammensein mit
mir sofort wahrnahm. Mein eigenes Selbstbewusst-
sein, meine Selbstzweifel und Ängste waren genauso Thema wie seine Ängste und Traumata.
Wenn Pferde uns spiegeln, zeigen sie uns damit unsere Ängste, unsere Emotionen und unser wahres
Selbst ganz unverblümt auf.

Ich bemerkte auf unserem gemeinsamen Weg, dass ich mit den Worten Kontrolle, Dominanz und Erziehung immer wieder in einen inneren Konflikt geriet. Ich wollte mein altes Denken darüber endlich loslassen, um ganz frei zu sein von früheren Prägungen. Ich wollte das Prinzip des Dominanztrainings mit Pferden aus meinem Denken und Handeln gänzlich verbannen und damit auch den Glaubenssatz, dass das Pferd funktionieren muss und ich ihm gegenüber eine Leitfunktion innehaben soll. Diese Problematik begegnete mir immer wieder in Bezug auf den Umgang mit Pferden. Ich hörte immer wieder Sätze wie: „Der hat ein Dominanzproblem", „Pferde müssen vernünftig erzogen werden", „Pferde müssen kontrollierbar sein". In diesen Worten und dem Handeln danach schwingt aber nur wenig Verständnis für die Natur und die Seele der Pferde mit. All das habe ich auch Jahrzehnte lang geglaubt und so praktiziert, bis ich irgendwann auf einen anderen, natürlicheren und friedvolleren Weg im Umgang mit den Pferden geführt wurde, der allerdings, wie ich feststellen musste, einem schmalen, steinigen und verlassenen Gebirgspfad glich. Sobald man dem Pferd nämlich die Möglichkeit gibt „Nein" zu sagen, zu etwas, das ich von ihm möchte, kann es eben vorkommen, dass man am Schluss ganz schön bedröppelt dasteht und die eigenen Pläne erstmal komplett über den Haufen werfen muss. Solche Situationen sind aber auch immer eine große Chance, kreativ zu werden und sie bieten die Möglichkeit, die Momente wirklich so zu nehmen, wie sie eben kommen. Da kann es leicht mal passieren, dass man mit dem Halfter über dem Arm, aber ohne Pferd wieder aus dem Auslauf rausgeht, weil das Pferd entschieden hat, dass es heute keine Lust hat, etwas mit seinem Menschen zu machen. Das leckerduftende Heu scheint manchmal einfach viel attraktiver zu sein, als der Mensch, der gerade gestresst von der Arbeit noch mal schnell zum Pferd rausgefahren ist. Ich dachte deshalb auch viele Male: „Bin ich auf meinem Weg doch falsch abgebogen?". Ich spürte zu oft die vielen abschätzigen Blicke anderer Pferdemenschen über mein Verhalten, wie kleine Nadelstiche in meinem Nacken, wenn ich mal wieder zu viel von Balu verlangt hatte, nicht achtsam genug war, er überfordert in seine alten Muster zurückgefallen ist, auf dem Absatz kehrt machte und loslief, um sich aus der jeweiligen Situation zu retten. Für ein Fluchttier ist das die natürlichste Reaktion überhaupt. Es ist daher nicht sein Fehler, dass er so reagiert, mit ihm ist nichts falsch. Und mit mir auch nicht, wenn ich eben das Gefühl habe, ihm diese Reaktion zugestehen zu wollen. Es kann deshalb auch keine gute Lösung sein, ihm diese Reaktion irgendwie abgewöhnen zu wollen. Meine Aufgabe dabei war es eher, es gar nicht erst so weit kommen zu lassen. Schon vorher auf die kleinen Anzeichen zu achten, mit denen er mir signalisierte, dass er diese Situation nicht aushalten kann beziehungsweise sich einfach nicht wohl dabei fühlte. Mit diesem Pferd konnte ich natürlich nicht so einfach im Gelände spazieren gehen, wie ich es mir eigentlich erträumt hatte, das war mir völlig bewusst. Auch wenn ich mich deshalb erstmal von diesem Gedanken an einen wunderschönen und entspannten Spaziergang durch den Wald zusammen mit meinem Pferd verabschieden musste, war ich trotzdem froh, dass Balu so war, wie er eben war und dass er mir all das so deutlich zeigte und mich mit seinen Reaktionen immer wieder wachgerüttelt hat, um noch achtsamer im Umgang mit ihm zu werden. Ich musste es auch schaffen, so präsent wie möglich im jeweiligen Moment zu sein, denn das ist es, was Pferde wirklich brauchen, damit sie sich vertrauensvoll der Führung eines Menschen anschließen können. Balu musste die Gewissheit haben, dass ich eine Krisensituation rechtzeitig erkenne und sofort handeln kann. Mir wurde dadurch auch klar vor Augen geführt, dass ich es trotz aller Bemühungen immer noch nicht geschafft hatte, meine innere Ruhe und das Vertrauen in mich selbst zu finden. Diese Tatsache spiegelte Balu mir mit seiner Art und seinem Verhalten nur zu deutlich.

Das zeigte sich auch insbesondere bei den regelmäßigen Hufpflegeterminen. Balu hatte an sich gar kein großes Problem mit der Hufpflege. Hufe geben, ausschneiden, Hufe auf den Bock stellen, das war für ihn nicht der stressauslösende Faktor. Es waren meiner Beobachtung nach eher die äußeren Umstände, die seinen Erregungslevel in bestimmten Situationen beeinflussten und meine Reaktion darauf oder dabei. Erst wenn ich es selbst schaffen würde, einen Zustand der inneren Ruhe in mir herbeizuführen, dann würde sich das auch auf Balu übertragen. Es ging nicht primär darum, Balu zu therapieren, sondern auch darum, durch seine Reaktionen wahrnehmen zu können, wie es in mir selbst aussieht. Jeder Hufpflegetermin zeigte mir also, an welchem Punkt ich in der Beziehung mit ihm und mir selbst stand. Über die Zeit haben wir zusammen diese Herausforderung immer besser gemeistert, aber unser erster gemeinsamer Termin bei einem Hufschmied glich einer globalen Katastrophe. Ich hatte seine Reaktion vollkommen unterschätzt. Allein schon das große Schmiedeauto, das langsam auf den Hof rollte, triggerte ihn und löste heftige Panik in ihm aus. Er schaltete sofort in den Fluchtmodus, weg war er und er rannte dabei fast noch jemanden über den Haufen. Bei einer derart heftigen Reaktion hatte ich keine Chance, ihn zu halten. Es war deshalb auch nicht daran zu denken, ihn wieder auf den Putzplatz zu stellen, um dort seine Hufe bearbeiten zu lassen. Ich entschied mal wieder intuitiv, wie ich dieses Problem nun lösen könnte. Ich wollte versuchen, möglichst viel Ruhe in die Situation reinzubringen und brachte ihn deshalb rüber in den Roundpen, den er gut kannte und wo er sich recht sicher fühlte. Dort schafften wir es dann auch tatsächlich, in ganz vorsichtigen und kleinen Schritten, alle seine Hufe zu bearbeiten. Er stand dabei aber trotzdem unter permanenter

Hochspannung und rannte mehrmals los. Das war sein Ventil und das wollte ich ihm auch lassen, um die angesammelte Spannung irgendwie abbauen zu können. Der zum Glück sehr geduldige Hufschmied kam dabei ziemlich ins Schwitzen, weil zusätzlich auch noch die hochstehende Sonne unbarmherzig auf uns niederbrannte. Beim nächsten Termin wollte Balu dann nicht mal mehr aus dem Auslauf rausgehen als er den Hufschmied am Rand stehen gesehen hatte. Der bloße Anblick dieses großen und starken aber vollkommen liebenswürdigen Mannes, der dort ganz entspannt und ruhig am Zaun lehnte mit seiner Raspel in der Hand, löste erneut heftige Panik in ihm aus. Ich wusste nicht, welches Erlebnis in seinem früheren Leben dieses Trauma in ihm ausgelöst hat, aber die Angst vor den meisten Männern blieb in ihm weiterhin unverändert bestehen. Nachdem mir das dann klar wurde, suchte ich für uns eine Hufpflegerin. Selbst bei ihr war er weiterhin skeptisch, aber ihre weiche, weibliche Energie, die ruhige Art und ihre sanfte Geduld, mit der sie ihre Arbeit verrichtete, zeigten ihre Wirkung. Wir haben irgendwann einen guten Weg gefunden, wie Balu bei der Hufbearbeitung relativ ruhig stehen blieb, ohne das Gefühl zu haben, flüchten zu müssen und sein Körper dabei einigermaßen entspannt blieb. Es gibt Leckschalen für Pferde, die sicherlich nicht sonderlich gesund sind, aber er liebte es, die feste, zuckerhaltige Masse abzuschlecken, was seine Aufmerksamkeit fokussierte. Dabei an einem Ort zu stehen, an dem er sich sicher fühlte und an dem wir wenig von anderen gestört werden konnten, hat auch sehr geholfen. Zu Beginn konnte er auch nur ruhig stehen, wenn ein anderes Pferd in seiner Nähe stand, aber selbst dann war er die ganze Zeit über noch sehr nervös und ziemlich stark angespannt. Bei jedem kleinsten äußeren Reiz hat er den Huf weggezogen und ist losgelaufen. Wir haben dann immer eine kleine Runde im Schritt gedreht und uns wieder an die vorherige Stelle hingestellt. Die Erregung auf diese Weise kurz abzulassen, hat ihm weitergeholfen. Wenn ich von ihm verlangt hätte, stehen zu bleiben, dann hätte sich immer mehr negative Energie in ihm aufgestaut und mir war klar, dass es dann irgendwann in ihm zur Explosion gekommen wäre. Mir wurde häufiger gesagt, ich würde ihm viel zu viel durchgehen lassen. Er müsse lernen solche Situationen auszuhalten. Aber genau das wollte ich eben nicht, sondern ich wollte an seiner Reaktion ablesen können, was ich verändern und beim nächsten Mal besser machen kann. So etwas ist ein längerer Prozess und bedeutete viel Arbeit an mir selbst. Dass ich ein so hochsensibles Pferd an meine Seite gestellt bekommen habe, sah ich immer als großes Geschenk an, auch wenn die bestehenden „Problemchen" mich zeitweise ziemlich viele Nerven gekostet haben, denn mit Balu entwickelten sich die alltäglichsten Dinge zu riesigen Herausforderungen. Aber egal wie viele Menschen in meiner Umgebung meine Art mit Balu umzugehen auch als unpassend beurteilt haben mögen, ich bin dabei geblieben meinem Herzen zu folgen, habe darauf gehört, was sich für mich richtig anfühlte und vertraute den Zeichen des Universums, das uns beiden den richtigen Weg weisen würde. Ich habe mich dabei auch von einigen anderen wunderbaren Pferdemenschen inspirieren lassen, die einen ähnlichen Weg gehen und konnte von ihnen sehr viel lernen über die Kommunikation mit dem Pferd und den Gebrauch der eigenen Energien sowie über das Leben und Verhalten von Wildpferden, um dadurch noch mehr auf die natürlichen Bedürfnisse der Pferde eingehen zu können und dies auch auf die Haltung von nicht freien Pferden übertragen zu können. Ich habe mir von ihnen die Inhalte mitgenommen, die sich für mich gut und stimmig angefühlt haben, um dann daraus meinen eigenen, ganz persönlichen Weg zu kreieren. Denn nur was sich selbst aus mir heraus entwickelt hat, was in mir immer weiter herangewachsen ist, kann die Authentizität erzeugen, die ich benötige, um meine Ziele zu erreichen, meine Visionen zu leben und andere dabei mitzunehmen. Die eigene Authentizität ist ein sehr entscheidender Begriff in diesem Zusammenhang, denn Pferde lehren einen genau das, authentisch sein.

Ich wollte weiterhin stark sein und Balu eine Stimme schenken. Ich achtete noch mehr auf seine Bedürfnisse und sein Befinden. Ich hörte ihm zu und ließ ihn vor allem so sein, wie er eben war. Ich akzeptierte ihn in seinem hochsensiblen Wesen und gab ihm Raum dafür. Dadurch lernte ich von ihm, meine Sinne wieder feiner einzusetzen. Wirklich zu sehen, mich in ihn hineinzufühlen, seine feinen energetischen Schwingungen wahrzunehmen. Ich durfte ihn nicht für meine eigene Unsicherheit bestrafen. Wenn ich es noch nicht schaffte, eine vertrauensvolle Anführerin zu sein, selber meinen Weg nicht klar vor mir sah und irgendwie versuchte, in den dichten Nebelschwaden meines Lebens einen unbeholfenen Schritt nach dem nächsten zu machen, konnte ich nicht von meinem Pferd als Fluchttier erwarten, dass er mir ohne zu zögern folgt. Da musste ich ihm einfach mehr bieten können. Das Leben ist ein sich stetig wandelnder Fluss von Energie. Wenn ich es schaffen würde mich mit dieser Energie zu verbinden, sie zu spüren und richtig zu lenken, erst dann würde ich eins mit mir, mit meinem Pferd und mit allem anderen werden können. Ich bin inzwischen der festen Überzeugung, dass im Leben nichts ohne einen bestimmten Grund geschieht. Wir ziehen genau die Dinge in unser Leben, die uns helfen etwas zu erkennen und uns dazu bringen uns weiterzuentwickeln und unser verborgenes Potenzial zu entfalten. Das Leben stellt uns immer wieder dieselben Aufgaben, bis wir unsere Lektionen daraus wirklich gelernt haben.

Auf einem Seminar für persönliche Weiterentwicklung mit Pferden ist mir dies auf sehr eindringliche Art und Weise bewusst gemacht geworden. Wir standen mit etwa 50 Personen zusammen mit einer kleinen Islandpferdeherde in einer Reithalle. Eigentlich sollte die Veranstaltung draußen auf einer Weide stattfinden, aber leider ist dieser Plan aufgrund des regnerischen Wetters ins Wasser gefallen. Ich hatte mich hierfür angemeldet, weil ich neugierig darauf war, wie die Pferde auf die ganzen Menschen reagieren würden, ob es zu Interaktionen kommen würde und wenn ja, welcher Natur diese sein würden. Würden die Pferde sich für die Menschen interessieren und anfangen die Menschen zu spiegeln? Auf der Weite der Koppel hatte ich mir das als eine wirklich freiwillige Kommunikation zwischen Mensch und Pferd vorgestellt, leider war in der engen Reithalle diese Freiwilligkeit aber nicht gegeben. Die Pferde konnten nicht als Herde agieren und hatten viel zu wenig Raum für sich. Zu Beginn war noch eine erwartungsvolle mit Neugierde getränkte Atmosphäre in der Halle zu spüren. Die Pferde liefen zwischen den Menschen hindurch, nahmen hier und da mal Kontakt auf, aber ich merkte auch, dass sie versuchten, sich eine Ecke der Halle als Rückzugsort zu erobern. Ich beobachtete die einzelnen Pferde. Mein Fokus konzentrierte sich dabei sehr schnell auf die Leitstute der Herde. Ich wurde von ihrer Energie sehr stark angezogen. Sie war sichtlich nervös und ich konnte sehr deutlich den Stress wahrnehmen, der sich in ihr immer stärker ausbreitete. Sie wollte ihre Herde in dieser fremden Umgebung mit den fremden Menschen um sich herum unbedingt zusammenhalten, was ihr aber unter diesen Umständen nicht möglich war. Damit spiegelte sie mir auch mein eigenes Befinden, denn ich fühlte mich unter so vielen Fremden als introvertierter Mensch auch erstmal nicht sonderlich wohl. Ich denke das ist auch der Grund, warum ich die Energien der Stute von Anfang an so intensiv wahrgenommen habe. Am Vormittag hielt sich der Stresslevel der Stute noch in gewissen Grenzen, aber als wir nach der Mittagspause erneut mit der Herde in der Halle waren, stand die Stute nur noch am Ausgang und signalisierte deutlich, dass sie unbedingt wieder aus dieser Halle herausgelassen werden wollte. Es sah für mich so aus, als würde sie jeden Augenblick versuchen, über die Bande zu springen. Die nach meinem Empfinden sehr gespannte Atmosphäre in der Halle war auch für mich nicht mehr zum Aushalten. Ich habe mich in dieser Situation allerdings auch nicht getraut etwas zu sagen, um die Situation für die Pferde zu verändern. Meiner Ansicht nach hätte man die Pferde sofort aus der Halle nehmen müssen. Die Energien in der Halle führten einfach dazu, dass die Pferde massiv gestresst waren. Also verließ ich die Halle, setzte mich auf einen großen Stein und ließ die Tränen einfach laufen. Ich traf dort draußen auch noch auf andere Teilnehmer, die eine ähnliche Wahrnehmung hatten wie ich, aber auch von denen sagte keiner etwas. Irgendwann wuchs die

Spannung in der Halle auf ein so großes Maß an, dass es keiner mehr übersehen konnte und die Pferde die Halle endlich verlassen durften, meiner Ansicht nach viel zu spät. Das Ganze sollte ein Austausch zwischen Menschen und Pferden sein, eine Begegnung, die für beide Seiten positives hervorbringen würde. Aber auch hier hat sich für mich wieder einmal gezeigt, wie sehr die Bedürfnisse der Menschen noch über denen der Pferde stehen. Obwohl ich dort unter einer Gruppe von Pferdeleuten war, die alle schon einen recht alternativen Weg im Umgang mit dem Pferd eingeschlagen haben. Ich hatte das Gefühl, die Veranstalter wollten den Teilnehmern unbedingt ein positives Bild vermitteln. Es ging anscheinend weniger darum, die wirklich vorhandene Situation wahrzunehmen und darauf angemessen zu reagieren, als eher darum, positive Empfindungen aus früheren Seminaren wieder zu reproduzieren, um den Teilnehmern ein vollständig positives Bild zu vermitteln. Das war für mich genau der Fehler, der dort gemacht wurde. Nicht im Hier und Jetzt zu sein und zu agieren und das anzunehmen, was war. Egal ob positiv oder negativ. Seitdem weiß ich auch, warum das Thema pferdegestütztes Coaching, was immer populärer zu werden scheint, für mich irgendwie immer einen fahlen Beigeschmack hat und ich nie so richtig einen Zugang dazu gefunden habe. Es ist auch wieder nur eine Art, Pferde für menschliche Zwecke zu benutzen. Die Menschen möchten etwas von den Pferden, wollen Heilung finden durch die Begegnung mit dem Pferd und möchten etwas über sich und ihr Leben lernen. An sich finde ich diesen Gedanken wunderbar, aber dafür sollten die Pferde dann wenigstens in ihrer gewohnten Umgebung und in der Sicherheit ihrer Herde sein, um uns ganz freiwillig etwas schenken zu können. Mir wurde auf diesem Seminar klar vor Augen geführt, dass ich endlich lernen muss, authentisch zu mir und meinen Ansichten zu stehen und diese auch zu vertreten. Das Leben, das Universum, Gott oder wie man die universellen Kräfte auch immer benennen möchte, hat mir an diesem Tag unmissverständlich klar gemacht, dass ich, um etwas zu verändern, für meine Werte und meine Einstellungen aufstehen muss, und dass ich meine Stimme erheben muss, um auf die Probleme aufmerksam zu machen, die ich wahrnehme. Das Schweigen zu wählen, nur um nicht aufzufallen und nicht auf Ablehnung zu stoßen, sollte in Zukunft immer weniger eine Option für mich sein, um etwas in der Welt verändern zu können. Das ist es ja auch, was Balu mir immer wieder gezeigt hat. Ich sollte mich nicht weiter hinter meiner Unsicherheit verstecken, sondern musste einen Weg finden, zu dem zu stehen, was ich denke und was ich bin. Das heißt für mich unter anderem auch, mich weiterhin für die Rechte der Tiere einzusetzen, um mit meinem Handeln dazu beizutragen, dass wir Menschen allen Tieren wieder auf Augenhöhe begegnen und uns nicht als Krone der Schöpfung über sie stellen. Ich wünsche mir sehr, dass der Begriff "Nutztier" irgendwann einmal in

Vergessenheit geraten wird, dass wir den Tieren wieder ihre natürlichen Bedürfnisse zugestehen und sie, wenn überhaupt, freiwillig mit uns zusammen das Leben teilen. Wenn ich tief in mich hinein spüre, dann weiß ich, dass ich mir eigentlich nur eins wünsche:

## Freiheit für alle Tiere

Das bedeutet aber auch für mich, meine geliebten Pferde auf eine gewisse Weise loszulassen. Sie schenken uns so viel Vertrauen und berühren uns in unserem tiefsten Selbst, aber die wenigsten Pferde erhalten auch nur annähernd dafür etwas zurück. Ich habe an jenem Seminarwochenende eine tiefe und besondere Verbindung zu diesem Pferd verspürt. Es fühlte sich an, als wenn unsere Seelen sich für diesen Augenblick verbunden haben, und diesen Moment werde ich nun für immer tief in meinem Herzen tragen und aus ihm die Kraft schöpfen, das in die Welt zu tragen, woran ich glaube.

Schon mein ganzes Leben lang habe ich insgeheim gespürt, dass es wohl meine Aufgabe ist, andere Wege zu gehen und nicht mit dem Strom zu schwimmen. Ich habe zum Beispiel schon sehr früh beschlossen, keinen Alkohol mehr zu trinken. Alkoholkonsum gehört für die meisten Menschen ganz einfach zum Leben dazu. Man sitzt zum Beispiel in gemütlichem Ambiente mit Freunden bei einer Flasche Rotwein oder ein paar Bierchen zusammen und trinkt beim Feiern gehen auch mal einen über den Durst, um ausgelassen Spaß zu haben. Das Leben in vollen Zügen genießen. Alkohol steht für Geselligkeit und Lebensfreude. Ich frage mich was falsch gelaufen ist, dass es uns so schwer zu fallen scheint, dieses Lebensgefühl auch ohne Alkohol zu erreichen? Nur weil der Alkoholkonsum in unserer Gesellschaft und generell in der menschlichen Kultur fest verankert ist, heißt das noch lange nicht, dass dieses Verhalten auch richtig ist. Aber was ist richtig und was ist falsch? Für mich ist Alkohol eine der gefährlichsten Drogen, die zu oft in die Abhängigkeit führt, die die menschlichen Sinne trübt und so auch immer wieder zu schweren oder sogar tödlichen Unfällen führt. Zu viele Menschen setzen sich angetrunken oder sogar betrunken noch hinter das Steuer ihres Autos und gefährden somit nicht nur sich selbst, sondern auch völlig unbeteiligte Menschen, denn die Reaktionsfähigkeit ist bereits bei kleinen Menge Alkohol deutlich herabgesetzt. Aber natürlich glauben die meisten Leute, die sich angetrunken hinter ihr Steuer setzen, dass sie ihr

Fahrzeug noch vollkommen beherrschen. Zwei Bierchen oder ein Gläschen Wein, was macht das schon? Diese Einstellung kann aber ein fataler Irrtum sein und mich erschreckt diese Leichtsinnigkeit zutiefst. Auch das Thema häusliche Gewalt und generelle Aggressionen unter Alkoholeinfluss sind allgegenwärtig und jeder Polizist, der in seinen Schichten bereits damit konfrontiert wurde, hätte bestimmt gerne darauf verzichtet. Diese zahlreichen negativen Auswirkungen möchte ich definitiv nicht unterstützen. So habe ich den Weg des Verzichts gewählt, und ich bin bis heute sehr stolz darauf, noch nie in meinem Leben betrunken gewesen zu sein.

So war es wohl auch unvermeidbar, dass der Veganismus meinen Lebensweg kreuzte und sich somit auch meine Einstellung zu den Pferden so drastisch verändert hat. Ein weiteres Mal musste ich mich darauf einstellen, eine Meinung zu vertreten beziehungsweise eine Lebensform zu wählen, die für die meisten Menschen ziemlich unbequem und somit nicht vorstellbar ist und mich damit als Außenseiter an den Rand der Gesellschaft stellt. Immer wenn ich irgendjemandem erzählte, dass ich mein Pferd nicht reite, reagierten die meisten sehr verwundert und guckten mich fragend an. Wozu hast du dein Pferd denn überhaupt? Ist ein Pferd nicht zum Reiten da? Das wurde ich dann meistens gefragt. Pferde sind vielleicht vom Menschen zum

Reittier gemacht worden, aber ursprünglich hat das Pferd, wie auch eigentlich alle anderen Tiere auf unserer Welt, seinen Platz in der Freiheit im Kreis der Herde und sollte dort im Einklang mit der Natur sein Leben verbringen können. Pferde sind sehr soziale, sanfte Wesen, die zu unserem Glück gerne in Verbindung mit uns treten. Sie haben eine so feine Kommunikation, die uns zurückführt zu unserer eigentlichen Essenz, der Energie. Alle was existiert ist Energie. Wir bestehen aus Atomen, in deren Grundsubstanz nicht wirklich viel greifbare Materie vorhanden ist, sie bestehen hauptsächlich aus leerem Raum, aus Energie, nur 0,00001 Prozent davon sind mehr oder weniger greifbare Teilchen. Albert Einstein hat diese Tatsache in einem seiner berühmten Zitate noch stärker heruntergebrochen:

*„Was wir als Materie bezeichnen, ist lediglich Energie, deren Schwingung soweit gesenkt wurde, dass sie für unsere Sinne wahrnehmbar ist – es gibt keine Materie."*

Und auch Nikola Tesla war mit diesem Zitat seiner Zeit weit voraus:

*„Wenn du das Geheimnis des Universums entschlüsseln möchtest, musst du anfangen in Energie, Frequenz und Vibration zu denken."*

Wir sind in unserer hochtechnisierten und auf Konsum basierenden Welt so gefangen, dass wir den Kern unserer Existenz vollkommen vergessen. Nämlich dass wir alle eins und miteinander verbunden sind, dass wir Teil eines großen Kreislaufes sind. Wir entfernen uns immer mehr von der Natur und bemerken dabei nicht, dass die Natur uns genau zeigt, wie falsch unser Weg ist. Fernöstliche Weisheiten wie aus der chinesischen Kultur und dem Taoismus lehren dies der Welt schon seit Jahrtausenden. Die Energie wird auch als Lebensenergie „Qi" bezeichnet und wird als Ursprung des gesamten Universums verstanden. In unseren westlichen Denkmustern ist dafür allerdings wenig Platz, obwohl uns selbst die Naturwissenschaften schon im Physikunterricht etwas über die Äquivalenz von Masse und Energie oder kurz $E=mc^2$ erzählten. Diese Energieform ist für viele greifbarer, aber wenn wir uns vorstellen sollen, dass dieselbe Energie in unseren Körpern auf verschiedenen Energiebahnen, den sogenannten Meridianen und auch um uns herum eigentlich überall fließt, dann gelingt das den wenigsten, dies zu begreifen. Dinge wie energetische Heilungen, Schamanismus und Tierkommunikation werden größtenteils ungläubig belächelt und häufig als Humbug abgestempelt. Auch für mich war es zu Anfang ungewohnt, ja sogar ziemlich befremdlich, mich mit dem Thema Energie auseinanderzusetzen und ich brauchte lange, um mich dafür wirklich öffnen zu können. Ich durfte im Rahmen einiger Seminare viel Wertvolles über die

Energiearbeit mit Pferden lernen. Dadurch habe ich auch endlich einen Zugang zu meiner eigenen Energie bekommen und war im Stande, sie zu fühlen, zu lenken und mich mit Pferden darüber zu verbinden. Das klingt vielleicht erstmal sehr esoterisch und abgehoben, wenn man sich noch nicht so viel oder gar nicht mit diesem Thema beschäftigt hat, aber für mich war das ein weiterer Schritt, um zu erkennen, dass alles mit allem verbunden ist. Ich verbrachte sehr gerne einfach Zeit inmitten der Pferde, schaute ihnen beim Fressen zu, beobachte ihr Verhalten, nahm ihre Energien wahr und versuchte ein Teil der Herde zu werden. Was Energiearbeit wirklich ist und wie sie sich anfühlen kann, das habe ich am eigenen Leib erfahren, als ich mich eines Tages während meiner gemeinsamen Zeit mit den Pferden beim Ruhen direkt neben Balu gestellt habe. Ich habe versucht, mich energetisch, also gedanklich mit ihm zu verbinden, denn Gedanken sind nichts anderes als Energie. Ich habe versucht, ihm mitzuteilen, dass ich stärker bin als er glaubt und habe gedanklich eine Reise in seine problematische Vergangenheit gemacht, die ich aus Erzählungen teilweise kannte, weil ich herausfinden wollte, ob er mir darüber etwas mitteilen möchte. Dann erlebte ich allerdings etwas, was ich in dieser Form definitiv nicht erwartet hatte. Zuerst mal passierte nicht viel, wir standen einfach ganz entspannt nebeneinander, bis ich plötzlich das Gefühl hatte, als schwebte eine große, schwarze Wolke von Balu zu mir herüber. Mir schossen in dem Moment urplötzlich Tränen in die Augen. Ich nahm mit dem Auftauchen dieser Wolke einen intensiven Schmerz wahr. Kurz danach hat Balu sich das Maul geleckt, sich ganz intensiv gestreckt und geschüttelt, was ein deutliches Zeichen dafür ist, dass in ihm ein Prozess gearbeitet hat, den er jetzt endlich loslassen konnte. Was war hier mit mir passiert? Ich konnte es mir mit logischem Denken nicht erklären und doch hatte ich es ganz genau so wahrgenommen. Das Ganze war ein unvergessliches und wahrlich erstaunliches Erlebnis für mich. Zuerst habe ich gedacht, dass Balu mir nur seinen eigenen Schmerz, den er von vergangenen Erlebnissen noch mit sich trägt, übermittelt hat, sich mir also geöffnet hat. Aber im Nachhinein ist mir klar geworden, dass es nicht nur sein Schmerz war. Er hat mir auch meinen eigenen, tiefsitzenden Schmerz gespiegelt. Einen Schmerz, den ich in mir trug und weiterhin trage, weil ich innerhalb von 6 Jahren sowohl meine Mutter als auch meinen Vater wegen einer unheilbaren Krebserkrankung zu Grabe tragen musste und die Trauer darüber hinter meiner nach Außen demonstrierten Stärke verborgen hatte. Ich habe es trotzdem immer geschafft, positiv zu denken, nach vorne zu schauen und das Beste aus meiner Situation zu machen. Aber gleich zwei geliebte Menschen in den Tod begleiten zu müssen und sie zu verlieren, das hinterlässt einfach eine riesengroße Lücke im Leben und eine tiefe Narbe im Herzen. Hinzu kam noch eine weitere Form des Schmerzes, den ich in mir spürte. Ein Schmerz, der entstanden ist und im Laufe der Zeit immer größer wurde, weil ich jeden Tag während meiner Arbeit als Tierärztin mit so viel Pferdeleid konfrontiert wurde. Dieser Schmerz wurde so groß, dass ich es kaum noch ertragen konnte, dass alles immer wieder mit anzusehen und irgendwie auch ein Teil davon zu sein. Der Schmerz darüber wuchs weiter und weiter, weil ich immer mehr und immer wieder Pferde behandeln und einschläfern musste, die in diesem System der heutigen Pferdehaltung einfach keine Chance hatten, gesund zu bleiben. All das hatte sich über die Jahre in mir angestaut, nagte an mir und Balu hat mir dies an jenem Tag vor Augen geführt und mir damit klar gemacht, dass ich für mich einen Weg finden muss, diesen Schmerz irgendwie loszulassen oder zumindest in etwas Positives umzuwandeln. Wenn man einmal angefangen hat, auf dieser Ebene mit Pferden zu kommunizieren und sich für diese so ganz andere Art der Kommunikation zu öffnen, dann taucht man ein in eine ganz andere Welt. Da spürt man eine wahnsinnig tiefe Verbindung zum Pferd, aber vor allem auch zu sich selbst, und man erlebt Momente, die einen sprachlos werden lassen und ehrfürchtig zum Staunen bringen. Es gab da einen wirklich herzergreifenden Moment mit Balu, den ich nie vergessen werde. Ich stand wieder einmal bei ihm im Auslauf und habe ihn am Rücken kräftig geschubbert, was er mit hochgezogener Oberlippe und dem typischen Putzgesicht sichtlich genossen hat. Ich habe ihn generell immer nur freistehend geputzt, damit er die Möglichkeit hatte, jederzeit zu gehen, wenn es ihm nicht mehr gefällt oder er lieber etwas anderes machen möchte. Meistens war ich allerdings diejenige, deren Arme irgendwann lahm wurden vom Putzen. Nach einer Weile war ich also der Ansicht, es wäre nun genug und habe die Sozialpflege mit ihm beendet. Noch einige Wochen vorher hat er in solchen Situationen fast übergriffig reagiert, mir den Weg abgeschnitten und deutlich gemacht, dass ich weitermachen soll. Ich hatte nun aber endlich verstanden, dass auch ich Grenzen setzen darf, weil es zur natürlichen Kommunikation der Pferde gehört. Ich habe verstanden, dass es mein gutes Recht ist, aus der Sozialpflege auszusteigen, wenn ich das möchte. Und ich habe für mich einen Weg gefunden, das Balu auf sanfte aber bestimmte Weise deutlich zu kommunizieren, indem ich einfach die Arme hob und gedanklich „Stopp" sagte, ihm das Bild vermittelte, dass ich ihn gerne um mich haben möchte, er aber ein bisschen Abstand halten muss und ich auch gerade nicht für weitere Sozialpflege bereit bin. Das hat er sehr schnell akzeptiert und ich spürte, dass es ihm sogar guttat, dass ich endlich gewisse Grenzen setzen konnte. Dieses Mal kam er dann aber ganz vorsichtig zu mir ran und hat begonnen, sanft und zärtlich meine Arme abzulecken. Diese liebevolle Geste hat mein Herz zum Schmelzen gebracht. Das war ein Geben und Nehmen, eine wirkliche Begegnung auf Augenhöhe. Danach konnte ich gar nicht anders, als ihn erneut zu kraulen, weil er mich auf so höfliche und zuckersüße Weise darum gebeten hatte. Auf einem Pferd zu sitzen und über ein Stoppelfeld zu galoppieren ist früher ein unbeschreiblich schönes Gefühl für mich gewesen, aber es ist Nichts im Vergleich zu solchen Momenten, in denen man so eine innige Verbindung zu seinem Pferd verspürt.

Solange Pferde von Menschen gehalten werden, liegt es meines Erachtens in unserer Verantwortung, sie so artgerecht wie möglich zu halten und mit Ihnen auf eine Weise umzugehen, die sie verstehen und die ihrer Spezies gegenüber angemessen ist. Dann kann man sich auch guten Gewissens auf die Verbindung zu diesem Tier einlassen und sich an dem erfreuen, was wir von ihnen dafür zurückbekommen. Eine Freundschaft zwischen einem Pferd und einem Menschen, bei der beide Individuen die gleichen Rechte haben, ist ein großes Geschenk. Pferde sind wundervolle Weggefährten, die unser Leben bereichern können und uns ganz viele glückliche Momente bescheren können. Der Umgang mit dem Pferd ist ein Spiegel, um an sich selbst zu arbeiten, bewusster zu leben und wieder im Einklang mit der Natur zu leben. Ich finde es wichtig, den Pferden eine Meinung zuzugestehen und keinen absoluten Gehorsam zu fordern, wie ich es früher leider auch noch gelernt habe. Man kann durch den Aufbau einer harmonischen Beziehung, beruhend auf echter Kommunikation, dem Pferd einen Anreiz bieten, Zeit mit einem verbringen zu wollen, auf freiwilliger Basis, ohne Druck oder Zwang.

Gemeinsam zu wachsen und das eigene Potenzial zur völligen Entfaltung zu bringen, ist kein leichter, aber dennoch ein lohnenswerter Weg. Pferde leben ausnahmslos im Hier und Jetzt, das ist essentiell für ihr Überleben, und auch das lehren sie uns. Einfach nur zu sein. Den Moment als das wahr zu nehmen, was er ist: pures Leben! Für sie gibt es kein Gestern und kein Morgen, nur das Jetzt. Sie lehren uns außerdem, die eigenen Interessen zurückzunehmen, um auf das zu hören, was sie brauchen und wollen, denn sie sind von uns Menschen abhängig. Und genau diese Fähigkeit ist für mich auch ein wichtiger Schlüssel zu einer friedlicheren Welt, in der die Menschen endlich begreifen, dass das wirkliche Glück des Lebens darin besteht, im Einklang mit allem zu sein. Die Menschheit hat wahrlich Großes hervorgebracht, ist zum Mond gereist und hat eine so fortschrittliche Technologie entwickelt, die es uns ermöglicht, mit allen Menschen auf der Welt über das Internet kommunizieren zu können. Aber wir haben es bisher nicht geschafft, die größten Probleme unserer Erde zu bezwingen. Dass alle Menschen auf der Welt in Frieden leben können, ohne Hunger zu leiden und dabei auch noch ihr Glück finden können. Ist das nicht ein überaus erstrebenswertes Ziel und lohnt es sich nicht, sich dafür einzusetzen? Ich wünsche mir für die Zukunft, dass immer mehr Menschen erkennen, worauf wir unsere Prioritäten richten sollten. Dass wir gemeinsam einen Weg einschlagen, der ins Licht und nicht in die Dunkelheit führt. Empathie entwickeln für alle fühlenden Lebewesen, Dankbarkeit zeigen für alles, was das Leben uns schenkt und das Wichtigste ist es, zu geben, Liebe zu schenken und auch Verständnis für diejenigen zu zeigen, die noch nicht bereit sind für diesen Wandel. Man hört immer wieder bestimmte Menschen über Veganer sagen, dass sie es ja schon klasse finden, dass man so lebt, aber man soll doch bitte andere Menschen nicht missionieren. Ich sage dazu: „Doch, genau das möchte ich tun." Ich möchte so viele Menschen wie möglich dazu bringen, sich der veganen Lebensweise anzunähern oder zuzuwenden, und ich möchte außerdem so viele Pferdemenschen wie möglich dazu bringen, ihren Pferden mehr Freiheit zu schenken. Ich kann die Pferde nicht alle aus ihrer Haltung befreien und in Freiheit leben lassen, aber ich kann vielleicht etwas dazu beitragen, ihr Leben zu verbessern. Es verhält sich bei meiner Einstellung zum Nutzen von Pferden sehr ähnlich wie beim Veganismus. Die wenigsten Menschen ernähren sich vegan und genauso verzichtet kaum ein Reiter auf sein Privileg, sich auf den Pferderücken zu schwingen, auch wenn ich mir das tief im Herzen wünsche. Eine nahezu vegane Welt, in der auch den Pferden viel mehr Freiheit gewährt wird, wäre schon ein traumhafter Gedanke, im Vergleich zu dem, was heute die Realität darstellt. Aber da es wohl noch ein langer, beschwerlicher Weg bis dahin sein wird, bin ich froh über jeden noch so kleinen Schritt in diese Richtung.

# Schatten meiner Vergangenheit

*„Jede Rohheit hat ihren Ursprung in einer Schwäche."*
*(Lucius Annaeus Seneca, römischer Philosoph)*

In diesem Teil des Buches möchte ich ehrlich über die weniger schönen Momente in meinem Umgang mit Pferden sprechen, über gewisse Verhaltensweisen im Laufe der Zeit, die ich sehr bedauere. Wenn ich heute daran zurückdenke, frage ich mich wirklich, wie ich so sein konnte. Was in aller Welt mich dazu veranlasst hat, mich so über andere Lebewesen zu erheben, sie anzuschreien und ihnen teilweise sogar körperlichen Schmerz zuzufügen. Was hat mir das Recht dazu gegeben, mich derart zu verhalten? Ich kann nicht so ein Buch schreiben, ohne offen zuzugeben, was ich selbst für Fehler gemacht habe. Jeder Mensch macht Fehler, das gehört zum Leben dazu und ist unvermeidbar. Manche behaupten sogar, es wäre gut, möglichst viele Fehler zu machen, denn aus ihnen kann man nachhaltig lernen. Aber wenn diese Fehler auf der anderen Seite Leid beim Tier verursachen, dann bin ich der Ansicht, dass man die meisten Fehler möglichst vermeiden sollte. Nicht jeden Fehler muss man selbst machen. Man kann auch aus den Fehlern und Erfahrungen von anderen lernen, und genau deshalb schreibe ich dieses Kapitel.

Als ich mit 6 Jahren das erste Mal auf einem Pferd saß, war mir noch nicht bewusst, welche Macht ich mir dort oben herausnahm. Ich lernte mich durchzusetzen und die Gerte in meiner Hand zu benutzen. Wenn das Pferd nicht weitergehen wollte und sich verweigerte, dann wurden die Schenkel an den Bauch geklopft bzw. getreten, mehr und mehr, bis es endlich reagierte. Wenn es das nicht tat, dann schlug ich mit der Gerte auf den Hintern des Pferdes. Der störrische Gaul musste doch zum Laufen zu bewegen sein. Ich weiß zum Glück nicht, wie sich ein kräftiger Hieb mit der Gerte anfühlt, schmerzhaft ist es aber mit Sicherheit. Ich erinnere mich noch genau an eine Situation, in der mein Haflinger beim Ausreiten lieber fressen wollte und ich ihn mit den Zügeln einfach nicht wieder davon wegbekam. Ich weiß nicht, welcher Teufel mich da geritten hat, aber ich schlug mit der Gerte mehrfach dermaßen hart zu, dass auch das unsensibelste Pferd weitergehen musste. Direkt danach fühlte ich, dass ich hier eine Grenze überschritten hatte, aber mein Verstand ließ mich trotzdem in dem Glauben, dass mein Verhalten gerechtfertigt war. Man musste sich in jeder Situation bei den Pferden durchsetzen, das hatte man mir beigebracht und ich zweifelte die Richtigkeit dieser Aussage nicht an. Ich war sogar davon überzeugt, das Richtige zu tun. Wenn ich heute daran zurückdenke, erschaudere ich bei so wenig Mitgefühl und der Brutalität meinerseits, gerade auch, weil ich damals noch ein Kind war. Kinder sollten von ihren

Vorbildern lernen, Mitgefühl, Respekt und Achtung gegenüber anderen Lebewesen zu entwickeln und nicht die eigene Stärke in dieser Form zu demonstrieren.

Zum Glück hat sich in den vielen Jahren, die seitdem vergangen sind, schon einiges verändert im Umgang mit den Pferden. Allerdings sind diese alten Denkmuster trotzdem noch bei einigen fest verankert und werden auch weiterhin in einigen Reitschulen so gelehrt und praktiziert. Eine gute Freundin hat genau diese Erfahrung gemacht. Sie liebt Pferde und hat den Traum, irgendwann gemeinsam mit einem eigenen Pferd durch die Natur zu reiten. Auch wenn ich selbst beschlossen habe, mich nicht mehr auf den Rücken eines Pferdes zu setzen, so kann ich diesen Wunsch trotzdem immer noch sehr gut nachvollziehen. Sie hat also angefangen, Reitunterricht in einer Reitschule zu nehmen. Leider deckten sich ihre Vorstellungen darüber wie man mit Pferden umgehen sollte, nicht mit denen dort in der Reitschule. Ihr zugeteiltes Pferd wollte nicht vorwärts gehen. Also stieg meine Freundin einfach intuitiv ab und führte das Pferd dort entlang, wo es eigentlich lang gehen sollte. Es erschien ihr in diesem Moment das Richtige zu sein. Die Reitlehrerin war da natürlich ganz anderer Ansicht. Sie meinte, Absteigen sei keine Option, man müsse dem Pferd zeigen, wer der Chef ist und sich durchsetzen. Also Schenkel an den Bauch und treiben, und wenn das nicht hilft, dann die Gerte benutzen. Ich war sehr bewegt von dieser Geschichte. Zum einen stimmte es mich sehr traurig, dass nach über 30 Jahren immer noch dasselbe in den Reitschulen gelehrt wurde, aber ich war auch beeindruckt von meiner Freundin, dass sie, ohne sich mit Pferden gut auszukennen, einfach ihrem Gefühl gefolgt war und versucht hatte, einen anderen Weg zu gehen. Sie hatte wahrgenommen, dass die Stute sich nicht wohl fühlte und in dieser Situation keine Freude am gemeinsamen Reiten hatte. Sie hat der Stute gestattet, ihr Befinden mitzuteilen, hat feinfühlig auf den Kommunikationsversuch der Stute reagiert und eine Lösung für das Problem gewählt, die für beide Seiten annehmbar war. Nur eben nicht für die Reitlehrerin! Meine Freundin hat sich dann auch gegen weiteren Unterricht dort entschieden, obwohl das bedeutet hat, erst mal nicht weiter reiten zu lernen und die Verwirklichung ihres Traumes in weiter Ferne zu sehen.

Aber nun wieder zurück zu mir und den Dingen, mit denen ich mich hier auseinandersetzen möchte. Während meiner Ausbildung zur Pferdewirtin mit Schwerpunkt Zucht und Haltung war es unter anderem meine Aufgabe, schwierige Pferde zu reiten, die sich nicht ohne weiteres für den Schulbetrieb nutzen ließen. Ich erinnere mich noch sehr gut an diese große, dunkelbraune Stute, die, sobald man die Galopphilfe mit den Schenkeln gab, anfing heftig zu bocken. Für mich stand damals fest, dass es sich hierbei einfach um eine Unart handeln musste, die zeigte, dass die Stute dazu einfach keine Lust hatte, und meine Chefin signalisierte mir dasselbe. Unter ihrer Aufsicht gab ich der Stute also bei jedem Bocksprung einen kräftigen Schlag mit der Gerte. Die Stute hörte irgendwann tatsächlich auf zu bocken, aber was die Stute mir mit diesem Verhalten tatsächlich sagen wollte, das habe ich zu der Zeit leider weder hinterfragt noch begriffen. Mir wurde nicht beigebracht, die Situation erstmal von allen möglichen Seiten zu betrachten und auf Ursachenforschung zu gehen, warum sich dieses Verhalten bei der Stute ausgebildet haben könnte. Ich selbst war in meiner Persönlichkeit auch noch nicht so weit entwickelt, mein Verhalten diesbezüglich zu reflektieren. Ich erinnere mich auch noch an eine ähnliche, unschöne Phase mit meiner eigenen Stute. Es war Sommer und die Stoppelfelder abgemäht und offen zum darüber Reiten. Cara hatte eigentlich nie Probleme damit gehabt, von der Herde weg geritten zu werden. Deshalb war ich auch über ihre Reaktion auf dem Stoppelfeld sehr erstaunt. Wir galoppierten über das Feld, alles schien in Ordnung zu sein, bis Cara urplötzlich und blitzschnell umdrehte, um wieder in Richtung Stall zu laufen. Ich hätte mich auch hier fragen müssen, was der tiefere Beweggrund für dies ungewöhnliche Verhalten von ihr war. Das tat ich aber leider nicht und bewertete es wieder einmal als reinen Ungehorsam. Egal, warum sie es tat, das durfte ich auf keinen Fall tolerieren. Ich wählte auch hier leider wieder eine recht gewaltsame Lösung. In dem Moment, in dem sie zum Umdrehen ansetzte, gab ich ihr einen kräftigen Schlag mit der Gerte auf die Schulter. Das musste ich ein paar Mal wiederholen, aber dann zeigte es Wirkung, sie versuchte es danach nie wieder. Ich fühlte mich wie der Sieger in diesem Konflikt. Dass ich aber durch dieses Verhalten das Vertrauen von meiner Stute zu mir massiv geschädigt hatte, das habe ich zu der Zeit nicht verstanden. Im Nachhinein ist mir meine Reaktion von damals einfach unbegreiflich und macht mich traurig, weil ich mir dadurch eine tiefere Verbindung zu dieser wundervollen Stute selbst verwehrt habe. Wie konnte ich nur so unsensibel sein und warum habe ich nicht mal annähernd hingehört, um zu begreifen, was mir Cara dort versucht hat mitzuteilen? Man könnte jetzt vielleicht zu der Überzeugung gelangen, dass ich damals ein wirklich gewalttätiger Mensch war, aber so würde ich mich definitiv nicht sehen. Mein Weltbild war davon geprägt, dass Pferde zu funktionieren haben und dass ich dem Pferd immer klar machen muss, dass es zu machen hat, was ich sage! Die Art und Weise, wie ich diesen Grundsatz im Laufe der Zeit umgesetzt habe, hat sich zum Glück verändert. Ich habe irgendwann gespürt, dass mein Verhalten alles andere als akzeptabel war und andere, gewaltfreiere Wege gesucht, mich bei den Pferden durchzusetzen.

So bin ich irgendwann zum Naturalhorsemanship gekommen. Das Prinzip dabei ist, dem Pferd augenscheinlich eine Wahl zuzugestehen. Man gibt eine leichte Hilfe und erwartet vom Pferd daraufhin mit dem gewünschten Verhalten zu reagieren. Tut es das nicht in dieser Form, wird der Druck solange erhöht, bis die Situation dem Pferd so unangenehm ist, dass es sich für den bequemeren Weg entscheidet. Es geht also immer um Druck aufbauen und nachlassen, das ist arbeiten mit negativer Verstärkung, dem Pferd etwas Negatives, Unangenehmes zufügen. Zu der Zeit erschien mir das Konzept als ein überaus pferdefreundlicher Weg. Ich war stolz und glücklich, als mein Pferd mir nach dem ersten Join Up im Roundpen nicht mehr von der Seite wich. Dass ich dem Pferd aber eigentlich doch keine Wahl gelassen hatte, das wurde mir erst viel später wirklich bewusst. Ich erinnere mich noch gut an den Kurs bei einem bekannten Horsemanship Trainer. Am zweiten Kurstag stand ich also mit meiner Stute Cara im Round Pen und sollte das erste Mal mit ihr „Freiarbeit" machen, das sogenannte Join Up, bei dem es darum geht, dass sich das Pferd dazu entscheidet, sich dem Menschen zuzuwenden und sich ihm anzuschließen. Mit einer Peitsche trieb ich sie an, im Kreis um mich herum zu laufen, im Schritt, Trab und Galopp. Ich bestimmte die Richtung und das Tempo. Heute frage ich mich, wie man diese Situation als Freiarbeit bezeichnen kann, denn das Pferd war dabei alles andere als frei. Es war zusammen mit mir eingesperrt in einem kleinen, runden Käfig aus Metall und hatte alles zu machen, was ich von ihm verlangte. Da ist kein bisschen Raum für Freiheit, wenn das Pferd keine andere Wahl hat. Das zeigte sich auch ein paar Tage später, als ich diese Freiarbeit auf unserer Koppel in einem kleinen, runden Bereich ausprobierte, der nur durch eine einfache Litze ohne Strom abgegrenzt war. Nach einer Weile reichte es Cara, sie lief einfach durch die Litze und rannte im Galopp über die Koppel. Durch dieses Verhalten hätte mir klar werden müssen, welchem Druck die Pferde dabei ausgesetzt sind und dass sie daran überhaupt keine Freude haben. Aber ich zweifelte nicht an dieser neuen Methode im Umgang mit den Pferden. Letztendlich war sie auch ein wichtiger und vielleicht auch unbedingt nötiger Schritt in meiner Entwicklung, der mich langsam, aber stetig zu anderen Lösungen hingeführt hat.

Die dominanzbasierten, alten Verhaltensmuster zogen sich leider auch im Rahmen meiner Arbeit als Tierärztin noch weiter durch mein Leben. Zu häufig, wenn ein Pferd sich widersetzte, wurde ich laut und versuchte das Pferd mit meiner Stimme einzuschüchtern, sich endlich angemessen zu benehmen. Das funktionierte auch meistens, aber ich machte mir einfach nicht klar, was mein Verhalten für die Pferde bedeutete. Die Pferde waren an einem fremden Ort, waren krank und wir mussten diverse Behandlungen an ihnen durchführen, die all zu oft nicht sonderlich angenehm waren. Anstatt mit der nötigen Ruhe und dem Verständnis für die Pferde zu agieren, kam ich viel zu häufig an die Grenzen meiner Geduld. Überforderung und Erschöpfung durch Schlafmangel bei langen und anstrengenden Diensten waren für solche Situationen auch nicht förderlich. Nach etlichen Stunden im Tages- und Nachtdienst konnte ich häufig nicht mehr so funktionieren, wie ich es hätte müssen. Da steht man völlig am Ende seiner Kräfte nachts ganz allein in einer Pferdebox und versucht das Pferd zu untersuchen, das einfach nicht stillstehen will. Man wird immer ungeduldiger und aggressiver, was natürlich nicht dazu beiträgt, das Pferd zu beruhigen. Die Situation schaukelt sich auf beiden Seiten immer mehr hoch, das Pferd wird noch nervöser, und leider ist mir dann viel zu häufig der Geduldsfaden gerissen. Ich habe das Pferd entweder nur angeschrien oder ihm sogar mit dem Strick eine geknallt, bis es vollkommen verängstigt keinen Schritt mehr gewagt hat. Mir war dann hinterher nur zu bewusst, dass mein Verhalten absolut unangemessen und falsch war, und ich möchte es auch nicht verteidigen. Mit Tieren zu arbeiten erfordert in meinen Augen sehr viel Erfahrung, Geduld und vor allem ein ruhiges, überlegtes und mitfühlendes Verhalten. Das lernt man aber leider nicht auf der Universität, sondern nur im beruflichen Alltag, der leider zu oft geprägt ist von enormem Stress sowie Zeit- und Leistungsdruck. Und ich bin wahrlich nicht die einzige Tierärztin, die mit den Patienten auf diese oder ähnliche Weise umgesprungen ist, was natürlich keine Entschuldigung für ein derartiges Verhalten ist. Es gibt sicherlich auch Tierärzte, die es schaffen, in solchen Situationen anders zu handeln, und ich ziehe wirklich meinen Hut vor ihnen. Bei mir hat es Jahre der persönlichen Weiterentwicklung gebraucht, bis ich mich in solchen und ähnlichen Situationen einigermaßen im Griff hatte und noch vor meiner Reaktion die Situation richtig erfassen konnte. Schlussendlich einen Weg gewählt zu haben, der sämtlichen Druck und jegliche Gewalt gegenüber den Pferden ausließ, war für mich wie eine wahre Befreiung aus den alten Verhaltensmustern heraus. Es ist mir im Umgang mit Pferden trotzdem wichtig, gewisse Grenzen zu setzen, aber das eben auf eine sanfte, wenn auch bestimmte Art und Weise. Viele kommen mit dem Argument, Pferde wären untereinander ja auch nicht zimperlich, aber ich bin nun mal kein Pferd und kann mit den Pferden auch nicht so kommunizieren, wie sie es untereinander tun. Dazu fehlen mir allein schon die anatomischen Gegebenheiten. Eine speziesübergreifende Kommunikation ist trotzdem möglich, aber sie sieht ganz anders aus, als sie im Moment noch in den meisten Reitställen von so vielen Reitern praktiziert wird. Viele Dinge, die ich in diesem Buch anspreche und stark kritisiere, habe ich selbst früher genauso gelebt. Ich denke, eine unserer wesentlichen Aufgaben in unserem Leben besteht darin, zu lernen und sich weiterzuentwickeln. Wir alle können nichts von unserem bereits geschehenen

Verhalten rückgängig machen, aber wir haben an jedem neuen Tag unseres Lebens die Möglichkeit, es besser zu machen als am vorigen Tag. Andere Menschen zu kritisieren ist sehr einfach, aber auf die eigenen Fehler zu schauen, das ist die Herausforderung und dort sollten wir alle beginnen, wenn wir etwas in der Welt verändern wollen. Bei uns selbst.

## Warum Pferde Freiheit brauchen

*„Und je freier man atmet, je mehr lebt man."*
*(Theodor Fontane, deutscher Schriftsteller)*

Freiheit ist ein unglaublich machtvolles Wort. Ein Wort, das tiefe Sehnsüchte in uns allen weckt und eine unbändige Kraft in sich birgt. Freiheit bedeutet zwar für jeden etwas anderes, aber wir alle sehnen uns danach ein Leben nach unseren eigenen Vorstellungen führen zu können. Wenn ich an Freiheit denke, dann kommen Bilder von weiten Landschaften in mir hoch. Ich stehe am Strand und schaue auf den scheinbar grenzenlosen Horizont, ich atme die salzige, frische Meeresluft ein, spüre den pfeifenden Wind und höre das tosende Rauschen der großen Wellen, die das Wasser an den Strand spült. Die Möwen schreien und breiten ihre Flügel aus, fliegen anmutig hoch über dem Wasser ihre weiten Kreise. Nicht umsonst gibt es das Sprichwort: „Frei wie ein Vogel". Freiheit bedeutete für mich auch immer schon Pferde zu sehen, die über eine riesige Weide galoppieren. Wer das Intro zum alten Black Beauty Film noch kennt, der weiß bestimmt, was ich damit meine. Der wunderschöne schwarze Hengst galoppiert in rasendem Tempo über Wiesen und Felder, durchquert ein Flussbett und das Wasser spritzt dabei an seinem muskulösen Körper in alle Richtungen auf. Die wahre Anmut und kraftvolle Stärke, die dieses Pferd ausstrahlt, faszinieren mich auf eine nahezu magische Art und Weise. Verstärkt wird diese atemberaubende Wirkung in dieser kurzen Filmsequenz noch durch die Musik, die dazu erklingt und die die unbändige Sehnsucht nach Pferden sofort in mir wachzurufen vermag.

Das ist aber alles nur das, was ich in Bezug auf das Thema Freiheit empfinde. Aber in diesem Buch geht es nicht um meine Freiheit, sondern um die Freiheit der Pferde. Was meine ich eigentlich mit dem Titel „Pferden Freiheit schenken" und welche Botschaft steckt für mich dahinter? Für mich selbst bedeutet Freiheit vor allem auch, ein selbstbestimmtes Leben führen zu können. Frei zu sein heißt, eine Wahl zu haben. Wer möchte ich sein, wo möchte ich leben, was möchte ich tun und mit wem möchte ich meine Zeit verbringen. Und genau das ist es auch, was ich mir für Pferde wünsche. Wildpferde führen sicherlich nicht immer ein leichtes, aber dafür ein selbstbestimmtes Leben. Sie sind frei in ihren Entscheidungen zumindest im Rahmen der äußeren Gegebenheiten und dem Bedürfnis nach dem Leben in der Herde. Keinem Pferd in Gefangenschaft kann man so ein Leben wirklich bieten, aber man könnte zumindest versuchen, es für die Pferde besser zu gestalten, als dies bisher der Fall ist. Natürlich sind auch der Freiheit der Wildpferde gewisse Grenzen gesetzt. Grenzenlose Freiheit ist nur schwer möglich, denn wir und auch die Pferde sind soziale Lebewesen, die die Gemeinschaft von anderen suchen und brauchen. Schon der Philosoph Immanuel Kant wusste:

*„Die Freiheit des einzelnen endet dort, wo die Freiheit des anderen beginnt."*

Wie kann ich den Begriff der Freiheit für unsere domestizierten Pferde also auslegen? Die Menschheit breitet sich immer weiter über die gesamte Welt aus und beansprucht für sich einen Großteil des vorhandenen Lebensraumes. Noch existieren wildlebende Pferde in „Freiheit" also frei, nur den Einflüssen der Natur unterworfen, aber auch hier greift der Mensch immer mehr in ihr Leben ein, weil die Gebiete, in denen die Pferde leben, zu klein sind oder keine optimalen Bedingungen für die Pferde mehr bereitstellen. Aber das Leben bedeutet Veränderung und Wandel, und so passen sich diese Tiere auch dem Leben an, das beeinflusst wird durch uns Menschen. Bei den Pferden, die von uns gehalten werden, kann man das Wort Freiheit leider nicht wirklich in den Mund nehmen, denn wir diktieren ihnen schließlich das Leben nach unseren Vorstellungen auf. Wo sie leben, mit welchen Pferden sie zusammenstehen dürfen, wann und was wir mit ihnen machen. Wir entscheiden welches Futter sie bekommen, wie viel davon und wann. Natürlich leben auch die Wildpferde nach gewissen Regeln innerhalb der Gemeinschaft und sind vor allem auch den natürlichen Rhythmen unterworfen, denen sie sich anpassen müssen, um zu überleben. Das bedeutet aber, im Einklang mit der Natur zu leben. Diese Lebensweise ist für alle Tiere vollkommen selbstverständlich. Wenn ich meinen Blick allerdings auf die Reiterwelt richte, dann sehe ich inzwischen, wie sehr die Pferde von den Menschen versklavt werden. Sie müssen für uns immer tun, was sie sollen, nämlich das, was wir von ihnen wollen, ohne darauf zu achten, was sie wirklich brauchen. Frei zu sein heißt für mich auch, die eigenen Bedürfnisse befriedigen zu können, und zwar genau dann, wenn man es gerade braucht. Genau das wird den meisten Pferden aber grundlegend verwehrt. Leider wissen so viele Pferdebesitzer nicht mal, was ihre Lieblinge überhaupt brauchen.

Jedes Mal, wenn ich als Tierärztin zu einem Patienten gefahren bin und einen der vielen Reitställe unseres Kundengebietes betreten musste, breitete sich eine immer stärker werdende, fast erdrückende Enge und Beklommenheit über die Zustände der dortigen Pferdehaltung in mir aus. Ich sah nur Gitterstäbe in endloser Reihe, die sanfte Pferdenasen ummanteln. Keiner meiner Sinne nahm dort auch nur den Hauch eines positiven Gefühls mehr auf, wie ich es von früher her kannte. Früher, damit meine ich die Zeit bevor ich aufgewacht bin, bevor ich mich für eine vegane Lebensweise entschieden habe, und bevor ich angefangen habe zu hinterfragen, was wir mit Tieren machen dürfen. Früher betrat ich eine Stallgasse und fühlte Freude und Geborgenheit dabei. Ich sah die Pferde in ihren sauberen, mit goldenem Stroh gefüllten Boxen, hörte die leise mahlenden Kaubewegungen der Pferde und meine Welt war in Ordnung. Ich kam gar nicht auf den Gedanken, dass es den Pferden hier in irgendeiner Art und Weise schlecht gehen könnte. Heute blicke ich mit anderen Augen auf diese langen, endlos wirkenden Gänge, an denen sich links und rechts Gitterstäbe nahtlos aneinanderreihen. Zu sehr gleicht doch dieses Bild, das man überall in den Pensionsställen, im ganzen Land und auf der ganzen Welt sehen kann, einem Gefängnis. An so einem Ort sein zu müssen, in so einer trostlosen Atmosphäre zu leben, hinterlässt in mir eine tiefe Traurigkeit, die ich irgendwann einfach nicht mehr ertragen konnte. Rationierte Fütterung, Bewegungsmangel und Isolation sind hier für alle Normalität, genauso wie Koliken, Magengeschwüre und Sehnenschäden, die so häufig aus dieser Art der Haltung resultieren. Wir können nicht ein Flucht- und Herdentier wie das Pferd einsperren, seine Bewegung kontrollieren und ihm sein Futter nach unseren Vorstellungen zuteilen, ohne die erheblichen Auswirkungen auf das Wohlbefinden des Pferdes in Kauf zu nehmen. Ich wurde im

Rahmen meiner Arbeit als Tierärztin immer wieder dasselbe gefragt: „Warum hat mein Pferd diese Kolik bekommen?" Und leider habe ich viel zu selten die ausführliche und ehrliche Antwort darauf gegeben, die sich für mich richtig, aber für den Pferdehalter meistens unbequem anfühlte. „Pferde sind für unsere Haltungsformen nicht geschaffen worden. Sie sollten sich mindestens 16 Stunden am Tag langsam fressend fortbewegen, dabei strukturreiches Raufutter aufnehmen und das in möglichst vielfältiger Zusammensetzung. Das bedeutet eine Zusammensetzung aus unterschiedlichen Gräsern und ein gewisser Anteil verschiedenster saisonaler Kräuter als Grundlage für eine naturnahe Ernährung. Die Pferde sollten genügend Platz zur Verfügung haben, um ihren Bewegungsbedarf ausreichend decken zu können und das im Rahmen eines stabilen Herdenverbandes, in dem sie sich permanent aufhalten können." Ich weiß, dass man solch eine Haltung schwer findet bzw. kaum realisieren kann, aber das ist es nun mal, was die Pferde brauchen. Das habe ich mir nicht ausgedacht, das ist von der Natur her so vorgegeben und hat sich im Laufe der Evolutionsgeschichte der Pferde genau so entwickelt. Sie sind damit bestens an ihren natürlichen Lebensraum angepasst worden, und nun versuchen wir Menschen, die Pferde in unsere Welt hineinzupressen und nehmen an, dass dies keine negativen Auswirkungen auf die physische und psychische Gesundheit der Pferde hätte. Ich habe so unglaublich viele Pferde mit Kolik behandeln müssen. In den meisten Fällen konnte ich die Schmerzen schnell mit einer krampflösenden Spritze auflösen, viel zu häufig aber war eine Operation oder sogar eine Euthanasie nötig, weil der Darm sich zu stark verdreht hatte, abzusterben drohte oder sogar schon abgestorben war. Ich habe nicht mitgezählt, wie viele Pferde ich wegen einer so schlimmen Kolik einschläfern musste, aber es müssen Hunderte gewesen sein. Diese riesige Anzahl erschreckt mich zutiefst. Selbst die Entscheidung treffen zu müssen, ein Pferd einzuschläfern, weil es einfach keine Aussicht mehr auf Heilung gibt und das Leid des Tieres ins unermessliche abdriftet, war für mich so ziemlich das Schwerste an diesem Beruf. Über das Leben bzw. den Tod eines Tieres zu entscheiden, hat mich trotz einer gewissen Routine, die sich über die Jahre entwickelt hat, jedes Mal unglaublich viel Kraft gekostet. Auch wenn ich im Laufe der Zeit gelernt habe, den Vorgang an sich nicht mehr so nah an mich heranzulassen, so ist mir doch jedes einzelne Mal bewusst gewesen, dass ich gerade das Leben eines ganz besonderen Individuums beende, das in dieser einzigartigen Form nie wiederkehren wird und dessen Tod bei seinem Besitzer eine große Lücke hinterlässt. Ein Pferd einschläfern zu können ist natürlich einerseits ein Segen, weil man das Tier von seinem Leid befreien kann, aber je öfter ich an die Gründe gedacht habe, die das Pferd überhaupt erst in diese Situation gebracht haben, desto mehr überkam mich ein Gefühl der Wut und der Verzweiflung. In meinen Augen entstehen die meisten

Koliken durch die unnatürliche Fütterung und Haltung, die für die meisten Pferde in menschlicher Obhut vorherrschen. Zudem ist Stress in unterschiedlichsten Formen auch ein sehr wichtiger Faktor bei der Entstehung von Koliken. Stress ist erst mal eigentlich nichts Schlimmes, es ist eine ganz natürliche Reaktion des Körpers und im Grunde dazu da, den Körper wieder in eine stabile Balance zurückzubringen. Stress bedeutet eine Aktivierung des Sympathikus. Sympathikus und Parasympathikus bilden zusammen mit dem enterischen Nervensystem das autonome Nervensystem. Das enterische Nervensystem ist das Nervensystem des Magen-Darm-Traktes und arbeitet vollkommen selbstständig, wird aber durch den Sympathikus und den Parasympathikus beeinflusst. Bei Stress ist der Sympathikus aktiv und somit die Darm- und Verdauungstätigkeit reduziert oder wird ganz ausgesetzt, damit die für die Abwehrmechanismen nötigen Organe wie Gehirn, Lunge, Herz und der Bewegungsapparat bestmöglich mit Sauerstoff und Energie versorgt werden. Steht ein Pferd nun für längere Zeit oder immer wieder unter erheblichem Stress, stört das die Tätigkeit des Darmes, was wiederum zu Entzündungen oder Dysbiosen mit Meteorismus und schwerwiegenden Darmverlagerungen führen kann. In der menschlichen Psychologie ist bereits lange bekannt, wie sehr Stress sich negativ auf unseren Körper auswirken kann. Aber selbst hier werden die Auswirkungen häufig unterschätzt oder einfach ignoriert. Leider können die Pferde uns nicht klar mitteilen, wie sie sich fühlen und zeigen es auch in den meisten Fällen nicht deutlich. Dabei sind die Stressfaktoren in den meisten Reitställen nur allzu deutlich auf den ersten Blick schon erkennbar, wenn man denn genau hinzusehen vermag und summieren sich in der Menge bei jedem einzelnen Pferd mehr und mehr auf. Viele der Gründe, wegen denen Pferde unter massiven Stress leiden, könnte man ganz leicht erkennen, wenn man in einem der Reitställe mal genauer hinsehen würde und anfangen würde, diese Welt mit anderen Augen zu sehen. Nämlich mit den Augen der Pferde, die dort ihr gesamtes Leben verbringen müssen.

Nicht nur innerhalb der Boxen zeigt sich das Leid der Pferde. Es ist ein mehr als übliches Bild in vielen Reitställen, dass die Pferde in der Mitte der Stallgasse zum Putzen und Satteln an Ketten angebunden werden. Ein eiserner Panikhaken links und rechts am Halfter befestigt, sorgt dafür, dass die Tiere sich nicht umdrehen können, nicht weglaufen können, sich nicht einmal umsehen können, wenn sich hinter ihnen etwas bewegt oder ein unbekanntes Geräusch ertönt. Ich versuche mich in diese Tiere hineinzuversetzen. Sie sind zwar meistens schon lange an diesen Zustand gewöhnt, aber was in ihnen wirklich währenddessen vorgeht, das kann eigentlich kein Mensch wirklich nachvollziehen, weil wir nicht annähernd dieselben Instinkte haben wie die Pferde. Für mich gleicht diese Form des Anbindens eher einem Fixieren, bei dem man dem Pferd jegliches Mitspracherecht im Zusammensein wegnimmt. Wie soll sich das Pferd ausdrücken, wenn ihm etwas während des Putzens nicht gefällt oder ihm vielleicht sogar der ganze Vorgang unangenehm ist. Ein Pferd zu Putzen ist nichts Falsches, aber ich denke die Art und Weise, wie und warum es praktiziert wird, geht wenig bis gar nicht auf das Pferd ein. In den meisten Fällen werden Pferde geputzt, damit sie für das Reiten schön sauber sind und hübsch aussehen. Natürlich ist es besser, den Sattel auf ein sauberes Pferd aufzulegen, damit der Sand nicht unter der Satteldecke scheuert, aber davon abgesehen braucht das Pferd außerhalb einer Boxenhaltung, wo es Wind und Wetter ausgesetzt ist, keine manuelle Reinigung vom Menschen. Wenn überhaupt geht es eher um den Körperkontakt zu anderen Artgenossen, den man als Mensch dem Pferd natürlich auch anbieten kann. Pferde fordern sich gegenseitig zur Sozialpflege auf, aber wenn einer der Partner keine Lust hat, dann wird die Anfrage abgelehnt, ohne dass dies eine persönliche Ablehnung bedeutet. Gehen beide darauf ein, ist das ein absolut freiwilliger Akt, den jedes Pferd von sich aus jederzeit wieder beenden kann. Ein Pferd beidseitig an Ketten anzubinden, nimmt ihm die Möglichkeit hier auch nur in irgendeiner Form seine Wünsche oder sein Befinden ausdrücken zu können. Ein Pferd muss geputzt werden und dabei hat es still zu stehen! Das ist leider die weitläufig verbreitete Meinung in der Reiterwelt. Im Bereich des Horsemanship ist man dagegen häufig stolz darauf, das Pferd nicht anbinden zu müssen. Die Pferde lernen frei, nur mit hängendem Seil, auf der Stelle zu stehen. Das sieht nach außen hin auch wunderbar aus und man könnte das Gefühl bekommen, die Pferde würden völlig freiwillig und ganz entspannt dort stehen. Aber die Pferde mussten leider lernen, dass sie keine andere Wahl haben. Jedes Mal, wenn sie sich in irgendeiner Form bewegt haben, wurden sie gemaßregelt und es wurde von ihnen verlangt, sich sofort wieder in die ursprüngliche Ausgangsposition zu stellen. Das Pferd entscheidet dabei in den meisten Fällen nicht selbst, dort stehen zu bleiben, sondern es begreift irgendwann, dass es einfach die angenehmere Wahl ist, zu tun, was der Mensch will. Es tut mir in der Seele weh, dass so viele Menschen im Umgang mit diesen wundervollen Tieren nicht präsent sind, nicht mitbekommen, was direkt vor ihren Augen geschieht und viel zu wenig von dem wahrnehmen, was die Pferde auszudrücken versuchen. Leider haben die meisten Pferde schon längst resigniert aufgegeben, überhaupt mit dem Menschen zu kommunizieren. Ein Pferd anzubinden, und sei es nur locker am Strick, bedeutet immer, dass ich davon ausgehe, dass es sonst weglaufen würde. Aber warum ist das so, warum würde das Pferd denn weglaufen wollen? Möchte das Pferd wirklich bei uns sein, fühlt es sich wohl in unserer Gesellschaft? Ich denke kaum einer stellt sich diese Fragen. Wäre es nicht eine gute Option, das Pferd frei entscheiden zu lassen, ob es bei einem sein will? Kann man es vielleicht dazu motivieren, stehen zu bleiben, ohne seinen Kopf an einem Balken fixieren zu müssen? Bei der Beobachtung solch eines angeketteten Pferdes konnte ich genau mit ansehen, wie hilflos die Pferde in dieser Situation dem Menschen ausgeliefert sind. Während die Besitzerin angestrengt versuchte, den Sattel auf das doch recht große Tier zu schieben, war die Mimik des Pferdes nur zu deutlich und ließ keinen Zweifel offen über die Emotionen, die in dem Pferd wüteten. Angelegte Ohren, gebleckte Zähne und der Versuch, Richtung Sattel zu schnappen, es zeigte die klassischen Symptome von Sattel-zwang. Und diesem Stressfaktor ist das Pferd jedes Mal wieder aufs Neue ausgesetzt, wenn ein Sattel aufgelegt werden soll. Das Verhalten wurde von der Frau komplett ignoriert oder zumindest wirkte es auf mich so. Ob das Tier nun durch diesen Sattel immer wieder Schmerzen erfährt oder diese Reak-tion nur ein konditioniertes Verhalten aus der Ver-gangenheit darstellt, konnte ich nicht beurteilen, aber dass sich das Pferd zutiefst unwohl in dieser Situation fühlte, das steht für mich außer Frage. Während ich im Rahmen einer Kolikbehandlung auf die Bereitstellung von warmem Wasser zum Schieben einer Nasenschlundsonde gewartet habe, habe ich einen weiteren Fall von Sattelzwang be-obachten müssen. Dort stand ein Pferd angebunden am Putzbalken und wurde von seiner Reiterin ge-putzt und fürs Reiten fertig gemacht. Die Frau erschien mir im Umgang mit dem Pferd recht unsicher zu sein, wahrscheinlich hatte sie noch nicht so viel Erfahrung. Sie hatte schon den Sattel aufgelegt und war gerade dabei, den Gurt fester zu ziehen. Ich bemerkte noch vor dem Anziehen des Gurtes, wie die Stute sich sichtlich verspannte, und als der Druck größer wurde, die Ohren anlegte und sich fast selbst in die Brust gebissen hat. Und zwar bei jeder einzelnen Gurtstrippe, vier Mal hintereinander. Und die Reaktion der Frau darauf: "Nun stell dich nicht so an." Es ist schwer mit anzusehen, in welcher ausweglosen Situation die Stute sich befand, unter welchem Stress sie dabei litt, und dass der Mensch sie einfach nicht wahrgenommen hat beziehungsweise etwas völlig Falsches wahrgenommen hat. Die Stute zeigte nicht mal aggressives Verhalten gegenüber dem Menschen, der sie ja in eine augenscheinlich sehr unangenehme bis schmerzhafte Situationen gebracht hat, sondern richtet es aus purer Verzweiflung sogar gegen sich selbst. Ich glaube, die besagte Frau wusste es einfach nicht besser. Es hat ihr anscheinend niemand beigebracht, auf das Befinden des Pferdes zu achten. Ihr wurde nur gezeigt, wie man ein Pferd putzt, ihm die Hufe auskratzt, wie man es sattelt und es reitet. Ich finde aber das Erste, was man einem Menschen wirklich beibringen sollte, der sich mit Pferden beschäftigen will, ist wahrzunehmen, wie es dem Pferd geht, ist zu verstehen, was das Pferd braucht und zu lernen, wie das Pferd mit uns kommuniziert und wie man selbst mit ihm kommunizieren kann. Erst dann sollte man, wenn es denn sein muss, aufs Pferd steigen und es reiten. Ein Reitpferd zu sein ist keine Aufgabe, sondern ein Geschenk des Pferdes an seinen Reiter. Und es bedeutet vom Menschen aus eine große Verantwortung gegenüber dem Pferd. Das bedeutet für diese spezielle Situation, dass man eben erkennt, dass das Pferd ein großes Problem mit dem Sattel hat und man dieses Problem erst mal lösen muss, bevor man sich auf seinen Rücken schwingt. Solche Situationen immer wieder mit anzusehen zu müssen, hat mich sehr betrübt und ist einer der Gründe, warum es mir immer schwerer fiel meine Arbeit an solchen Orten auszuüben. Ich erinnere mich auch nur zu gut an die allgemeine Unruhe in den Ställen, die oft viel zu laute Geräuschkulisse, aufgeregte Stimmen überschatteten sich gegenseitig, ein dumpfes Poltern von einem Huf erklang, der mit voller Kraft gegen eine Boxenwand schlug. Peng! Der Klang verhallte bedeutungslos und unbeachtet im Raum, weil es leider ein absolut alltägliches Geräusch dort darstellt. Wenn ich mir vorstellen würde, dass ich in dieser Umgebung permanent leben müsste, würde es mir sicherlich wie so vielen Pferden hier gehen, zu viele von Ihnen entwickeln schwere Magengeschwüre und leiden häufig still, bis die meist eher unscheinbaren Symptome irgendwann doch entdeckt werden. Die Diagnose ist so einfach zu stellen, aber obwohl die Besitzer sehr viel Geld für die Behandlung bezahlen müssen, bleiben doch die Ursachen für diese Erkrankung in vielen Fällen unbeachtet und werden nicht verändert, selbst wenn man die Besitzer darauf aufmerksam macht, was sie ändern müssten. Aber man hat doch alles für sein liebstes Pferd getan, hat die teure Behandlung bezahlt. Das muss doch nun wirklich ausreichen. Einige Besitzer haben sich dann doch Gedanken über das Leben ihres Pferdes gemacht, aber zu oft kam auch die Frage: „Wann darf ich denn nun eigentlich wieder aufs Turnier gehen mit meinem Pferd?" Ich möchte hier niemanden anklagen, sondern einfach auf diese Problematik aufmerksam machen, die ich leider genauso vielfach erlebt habe. Die meisten Menschen sind einfach zu sehr bei sich und haben ihren Blickwinkel eben nicht auf den Bedürfnissen des Pferdes. Für diesen Blickwinkel möchte ich hier aber sensibilisieren. Ich habe selbst auch viel zu lange in eine völlig falsche Richtung geblickt und mein Pferd dabei einfach nicht gesehen.

Um zu meinen Patienten zu gelangen, musste ich mir immer wieder meinen Weg durch diverse Stallgassen bahnen und sah dort viel zu häufig stark verhaltensgestörte Pferde stehen, die ihren Körper im webenden Rhythmus monoton immer wieder hin und herbewegten. Ich hörte das glucksende Geräusch eines Koppers, der Luft in seinen Schlund saugt und das Schaben von Zähnen, die die Gitterstäbe rauf und runter fuhren. Ein Pferd biss frustriert auf den Rand seiner Boxentür, hielt diesen mit den Zähnen fest, bewegte die Tür laut polternd vor und zurück und erzeugte damit ein absolut unerträgliches Geräusch. Eine Reiterin, die gerade an mir vorbei ging und meinen entsetzten Gesichtsausdruck sah, sagt: „Das macht der immer!" und ging unbeirrt und fröhlich strahlend weiter. Solche Aussagen machen mich fassungslos. Koppen, Weben, Lippenklappern, Zungenstrecken und andere Zungenspiele, Gitterstäbe wetzen, Boxentüren beißen, Boxenlaufen und exzessives Scharren. All das kann man leider ständig und überall in den meisten Ställen beobachten, es gehört dort schon zum Alltagsbild. Auch in der Klinik habe ich viel zu viele Pferde mit massiven Verhaltensstörungen erleben müssen und war oft erschüttert über die Gleichgültigkeit, mit der manche Besitzer diesem krankhaften Verhalten begegneten. Ich frage mich immer wieder, warum solche Verhaltensweisen nicht ernst genommen werden. Wann werden sie endlich als das wahrgenommen, was sie sind? Ein Ausdruck tiefster Hilflosigkeit gegenüber der Macht des Menschen über die Pferde und der Verdrängung der Tatsache, dass die Menschen den natürlichen Bedürfnissen der Pferde nicht annähernd genug Beachtung schenken. Solche Verhaltensweisen sind allesamt stereotype Verhaltensstörungen, die von den Pferden teilweise stundenlang ausgeführt werden in immer wieder derselben Art und Weise, ohne für das Pferd eine ersichtliche Funktion zu haben. Sie zeigen den Drang des Pferdes auf, die natürlichen Bedürfnisse, die nicht ausgelebt werden können, zu kompensieren und aus der eintönigen Langeweile des Boxenalltags ausbrechen zu können. Die Pferde entschwinden damit in eine völlig andere Welt. Eine Welt, die fern ist von der Enge und Monotonie der üblichen Einzelbox. Eine Besitzerin hat sich mal zu ihrem koppenden Pferd geäußert und hat gesagt, dass es gut sei, wenn er koppt, denn damit würde er Druck abbauen. Aber wieso lässt man es überhaupt zu, dass sich ein Pferd ständig in einer solchen Situation befindet, in der es das nötig hat? Unzählige Bilder diverser Verhaltensstörungen bei Pferden, die ich immer wieder mit ansehen musste, haben sich in mein Gedächtnis gebrannt. Ich kann sie nicht mehr vergessen. Diese verzweifelten Hilfeschreie der Tiere werden einfach überhört und übersehen oder als normal und bedeutungslos hingenommen. Wie kann das möglich sein?

So viele böse Erinnerungen an diese Art der Pferdehaltung verfolgen mich, und ich bin froh, dass ich sie mir in dieser Form hier von der Seele schreiben kann. Diese Erinnerungen sind so klar, als würde ich mich immer noch dort befinden. Dabei fühle ich den harten Betonboden der Stallgassen unter meinen Füßen. Ein sehnsüchtiger Gedanke nach weichem, federndem Waldboden schleicht sich in meinen Kopf hinein. Ich kann fast den Geruch von intensiv duftenden Kiefernnadeln in meiner Nase wahrnehmen. Doch meine Aufmerksamkeit wird schnell wieder abgelenkt durch ein Pferd, dass seinen Boxennachbarn aggressiv angiftet und dabei einen energischen Schritt in Richtung Gitterwand macht, während der Futterwagen vorbeirollt und in jedem Futtertrog die entsprechende Ration Kraftfutter landet. Niemand hat dieses Pferd gefragt, ob es sich neben dem anderen Pferd wohl fühlt. Und selbst wenn es so wäre, hätte es auch wieder nicht die Möglichkeiten, seine Zuneigung auszudrücken. Eine natürliche Kommunikation zwischen den Pferden ist hier völlig unmöglich. Die Gitterstäbe sind undurchdringlich, und wenn sich die Verriegelung der Boxentür schließt, mit einem blechernen, metallenen Klick, dann beginnen die langen, endlosen Stunden in diesem engen Raum, der für ein Fluchttier viel zu klein ist. Ohne die Sicherheit der Herde, ohne die Möglichkeit sich frei zu bewegen und die Umgebung im Auge behalten zu können. Der Mensch bestimmt hier, wann und wie lange die Pferde der nicht selbst gewählten Isolation entkommen dürfen. Oft nur für ein bis zwei Stunden, auf einem tristen Sandpaddock ohne Futter, häufig sogar allein. Das Ausleben der natürlichen Bedürfnisse ist so gut wie unmöglich. Freie Bewegung und Futter über viele Stunden, ein stabiler Herdenverband, der Sicherheit für die sensiblen Fluchttiere bietet. Zero. Ich habe häufig das Argument gehört, dass es gerade alten Pferden guttun würde, nachts in der Box zu stehen und Ruhe haben zu können. Das mag in vielen Ställen sicherlich das kleinere Übel bedeuten, aber 12 Stunden lang Stillstehen in einer Box ist trotzdem für kein Pferd gesund und schon gar nicht für ältere Pferde. Gelenke müssen bewegt werden und gerade alte Pferde leiden häufig unter arthrotischen Veränderungen, bei denen eine stete, leichte Bewegung sehr förderlich ist. Anstatt sich Gedanken zu machen, wie ich es dem Pferd ermöglichen kann, trotzdem draußen im Offenstall in der Herde zu leben, wird meist der einfachere und bequemere Weg gewählt. Die Besitzer machen sich leider nicht klar, dass das Leben für die Pferde in einem geschlossenen Stall noch so viel mehr gesundheitsgefährdende Aspekte birgt. Gerade die Belastung für die Atemwege der Pferde ist enorm hoch. Das habe ich jedes Mal wieder gemerkt, wenn die Stallarbeiter gerade dabei waren, die Boxen auszumisten. Ich atmete die von Strohstaub getränkte Luft ein und musste unweigerlich selbst husten. Wenn die Staubpartikel in den Strahlen der Sonne glitzerten, die in den Stall einfielen, sah es fast schön und romantisch aus. Doch der Schein trügt, denn dieser Staub belastet die Lungen der Pferde in hohem Maße. Für die Pferde bedeutet ein Leben an so einem Ort, fast den ganzen Tag still zu stehen in den eigenen Exkrementen und in der von Ammoniak getränkten Luft, egal wie gut der Stall belüftet ist. Beides frisst sich bei vielen Pferden langsam in die Lungen hinein und hinterlässt dort eine chronische Atemwegserkrankung, die ganz häufig nur noch mit Cortison in den Griff zu bekommen ist, wenn überhaupt. Dann wird eine Hustenpulverdose nach der nächsten gefüttert, jeden

Tag fleißig inhaliert, aber da ist es eigentlich schon längst zu spät. Bei manchen Pferden hilft ein längerer Aufenthalt an der salzigen Luft der Nordsee, um die entzündeten und stark gereizten Schleimhäute zu beruhigen. Aber warum müssen so viele Pferde durch die Stallhaltung erst krank werden, bis man die Zusammenhänge versteht? Tatsächlich erkranken 60 bis 100 % der Pferde aus Boxenhaltung an equinem Asthma. Was für eine Zahl, die eigentlich für sich selbst sprechen sollte. Es kann nicht Sinn und Zweck der Medizin sein, immer noch ein Medikament zu entwickeln, um die Pferde von dem erdrückenden und beklemmenden Gefühl der Atemnot zu befreien. Wie viele Pferde müssen noch dieses Schicksal erleiden und müssen hilflos dastehen, kaum mehr fähig, die Luft aus ihren verkrampften Bronchien wieder herauszupressen? Das ist wahrlich kein schöner Anblick, wenn man als Tierärztin zu so einem Patienten gerufen wird, und die Besitzer sind dabei leider zurecht in großer Sorge um ihr Pferd.

Die haltungsbedingten Erkrankungen sind die eine Sache, da gibt es aber noch viele weitere nutzungsbedingte Problematiken, die mir immer wieder negativ aufgefallen sind. Auf dem Gelände der vielen Reitanlagen, in den Reithallen und auf den Reitplätzen sah ich immer wieder Dinge, die mich in meinen kritischen Ansichten bestärkten. Ich sah das Gebiss im Maul eines Pferdes, sah viel zu hoch gezogene Lefzen. Das Pferd sperrte hin und wieder sein Maul auf, wenn der Druck gerade zu hart wurde. Zu empfindsam ist das weiche, sanfte Pferdemaul. Kein geeigneter Ort, wo ein kaltes, hartes Stück Metall hingehört, auf das der Mensch auch noch teilweise eine immense Kraft ausübt. Eine Bekannte erzählte mir mal, dass sie nicht ohne Reithandschuhe reiten könne, sonst würde sie Blasen an den Händen bekommen. Aber sie versicherte mir auch stolz, dass sie trotzdem mit ganz sanfter Hand reiten würde. Was für ein paradoxer Widerspruch. Ich fragte mich unweigerlich, warum sich so wenig andere Pferdemenschen dieselben Gedanken zu machen schienen. Die Reitläden hängen immer voll mit den verschiedensten Gebissen, die mir eher wie mittelalterliche Folterinstrumente vorkommen. Alle englischen Reittrensen haben zudem einen Nasen- und einen Sperrriemen, der verhindern soll, dass sich das Pferd den Einwirkungen des Reiters über das Gebiss entziehen kann. Das mag wohl sinnvoll gewesen sein, zu der Zeit, als dieser erfunden worden ist. Als Pferde militärisch genutzt worden sind, und die Soldaten auf gut funktionierende Pferde angewiesen waren, um ein Ungehorsam nicht mit dem Leben bezahlen zu müssen. Aber in der heutigen Zeit, wo die Pferde als Sport- und Freizeitpartner agieren, gibt es dafür in meinen Augen keine Rechtfertigung mehr. Das Wort Zwang taucht da automatisch wieder in meinem Kopf auf. So viele Reiter machen sich überhaupt keine Gedanken über Sinn oder Unsinn dieses Stück Leders und wie sich das Pferd dann mit einem zugeschnürten Maul fühlen muss. Er ist eben an der Trense dran, deshalb wird er auch benutzt. Was wäre, wenn man einfach mal diesen überflüssigen, kleinen Lederriemen weglassen würden? Wenn man schon beim Kauf der Trense im Reitershop dem Verkäufer mitteilen würde, dass dieser Riemen gar nicht benötigt wird?

Genauso wenig wie diese Vielzahl an Gebissen, sollten die ganzen Ausbindezügel, die in den Reiterläden überall hängen, verkauft und benutzt werden, zumal die Wenigsten wissen, wie man damit, wenn überhaupt, korrekt umgeht. Martingal, Stoßzügel, Ausbinder, Chambon, Dreieckszügel, Halsverlängerer, Schlaufzügel und wie sie nicht alle heißen. Bei deren Anwendung geht es darum, die Pferde beim Training in einer bestimmten Haltung zu fixieren, obwohl die meisten Pferde dafür überhaupt nicht die nötige Muskulatur haben. Es sind so genannte Hilfszügel, aber ich frage mich, wem diese Zügel helfen sollen. Definitiv nicht dem Pferd. Es geht wieder um das Argument, dass die Pferde den Reiter in einer versammelten Haltung besser tragen können. Aber wie kann es sein, dass man bei den Pferden diese Haltungen überhaupt erzwingen muss. Einzig und allein aus dem Grund, sie reiten zu wollen. Wenn ich mir dann auch noch ansehe, wie viele verschiedene Formen von Peitschen und Gerten es gibt, dann wird mir wirklich schlecht. Eine Gerte als Kommunikationsmittel und

Touchierhilfe zu benutzen, mag vielleicht noch in Ordnung und sogar hilfreich als verlängerter Arm sein, aber viel zu oft werden Gerten immer noch dazu benutzt, die Pferde auf mehr oder weniger unsanfte Art dazu zu bringen, schneller zu laufen. Gerade beim Longieren benutzen die meisten eine lange Peitsche und wedeln damit hinter dem Pferd herum, um es voran zu treiben. Longieren ist auch ein Thema, dessen eigentlichen Grundgedanken, nämlich das Pferd zu gymnastizieren und seine Muskulatur zu trainieren, die meisten Pferdebesitzer irgendwie falsch oder gar nicht verstanden haben. Ich sah einmal im Vorbeigehen eine Frau ihr Pferd longieren bzw. würde ich das, was sie dort tat, eher als das Pferd im Kreis herumlaufen lassen, bezeichnen. Das Pferd lief völlig monoton seine Kreise um den Menschen herum, ohne Motivation, ohne Lebensfreude, ohne jegliche Spannung im Körper. Die Peitsche wurde hin und wieder Richtung Hinterhand geschwungen, um das Pferd mehr anzutreiben, während irgendetwas auf dem Handy, das die Frau währenddessen permanent in der Hand hielt, viel interessanter und wichtiger zu sein schien, als die Aufmerksamkeit auf das Pferd zu richten. Da war keine Kommunikation, nur geforderter Gehorsam. Kein Miteinander und gemeinsam die Zeit genießen, nur Kontrolle. Ich haben meinen Augen nicht trauen können, als dann auch noch die zwei kleinen, am Reitplatzrand winselnden Hunde mit in die Mitte geholt wurden und an der Leine dort mitlaufen mussten. Dieses Bild war so unfassbar bizarr und bezeichnend für die Art, wie leider so viele Menschen ihr Leben leben und mit ihren Pferden umgehen, ohne die geringste Achtsamkeit für den Moment, ohne Achtung und Respekt für das andere Lebewesen, mit dem sie doch angeblich so gerne ihre Zeit verbringen. Die meisten Pferdeleute haben ein Pferd, weil sie mit diesem ihre Freizeit verbringen und genießen wollen. Nun merken aber viele irgendwann, dass sie eigentlich gar nicht genug Zeit haben, um den Bedürfnissen der Pferde, gerade was die ausreichende Bewegung angeht, gerecht zu werden. Scheinbar jede fortschrittliche Reitanlage hat heutzutage eine Führanlage, in der die Pferde wieder von Gittern getrennt, hintereinander im Schritt im Kreis laufen müssen. Ab und zu wechselt diese die Richtung, um ein kleines bisschen Abwechslung in die stumpfe Bewegung zu bringen. Immer wieder habe ich es miterlebt, dass sich Pferde in diesen Führanlagen massiv verletzten. Sicherlich ist das Laufen in einer Führanlage besser als überhaupt keine Bewegung, aber diese Anlagen werden als Ausrede benutzt, um nicht zugeben zu müssen, wie schlecht die Haltungsbedingungen in den meisten Top-Reitanlagen für die Pferde wirklich sind. Wenn ein Pferd 50.000 Euro oder mehr kostet, dann sollte man doch annehmen, dass die Besitzer auch genügend Geld hätten, um dem Pferd eine ausreichend große Koppel zu finanzieren, oder?

Das viel zu wenig Pferdebesitzer sich Gedanken um die Bedürfnisse der Pferde machen, wird auch deutlich, wenn man sich anschaut, wie viele Pferde mit Hufeisen beschlagen sind, sogar teilweise schon mit zwei oder drei Jahren. Was bedeutet es für die Pferde, wenn man ihm ein Stück Metall an ein lebenswichtiges Organ nagelt? Der Huf ist ein sehr wichtiger Teil des Körpers und für die Funktion des gesamten Organismus essenziell. Im Huf wird das Blut über ein stark verzweigtes Kapillarbett verteilt und über den sogenannten Hufmechanismus wieder zurück nach oben gepumpt, wobei sich der Huf erweitert und wieder verengt. Hufeisen schränken diese wichtige Funktion ein, so dass es zu Durchblutungsstörungen im Bereich des Hufes kommt und auch die Blutversorgung des gesamten Körpers somit gestört wird. Ich habe über diese Problematik hinaus viele Pferde mit Hufeisen bedingten Verletzungen behandeln müssen, wenn sich die Pferde die Eisen abtreten oder die Eisen sich am Huf verschieben. Das variierte von leichten Druckstellen bis hin zu einem Eisen, das sich verdreht hat und mehrere Zentimeter tief im Kronensaum des Pferdes steckte und deshalb sogar abgeflext werden musste. Es kommt mit Hufeisen in der Gruppenhaltung auch viel häufiger zu schweren Unfällen, wenn ein beschlagenes Pferd ein anderes Pferd tritt. Ich musste so ein Pferd direkt auf der Koppel einschläfern, weil der Unterarm gebrochen war. Ich erinnere mich noch sehr genau an diesen warmen und sonnigen Sommertag. Der Haflinger stand sehr weit hinten auf der Koppel, konnte keinen einzigen Schritt mehr vorwärts gehen und zitterte vor Schmerzen am ganzen Körper. Oberhalb des Karpalgelenkes sah ich bereits eine Stufe, der Knochen war an dieser Stelle zersplittert und verrutscht. Eine Fraktur in diesem Bereich bedeutet das sofortige Todesurteil für das Pferd. Die Besitzer waren durch meine Diagnose verständlicherweise geschockt, konnten und wollten nicht wirklich begreifen, was ich ihnen gesagt hatte. Auch wenn für mich die Diagnose hundertprozentig feststand, mussten wir erst einen zweiten Tierarzt mit einem mobilen und digitalen Röntgengerät dazu holen und meterweise Verlängerungskabel für das Röntgengerät auf die Koppel verlegen. Das dauerte bestimmt noch eine Stunde, bis die Besitzer dann mit eigenen Augen gesehen haben, wie verheerend die Trittverletzung war und dass das Pferd sofort erlöst werden musste. Das war schon das dritte Pferd gewesen, das ich an jenem Tag einschläfern musste und schon allein deshalb werde ich diesen Tag niemals vergessen. Wofür also Hufeisen? Damit die Pferde von den Reitern uneingeschränkt nutzbar sind? Meistens ist die Hufhornqualität schlecht, aber anstatt an der Ursache des Problems anzusetzen und diese zu beheben, wird einfach ein Hufeisen angenagelt. Das ist eine einfache und bequeme Lösung, die allerdings eher zu noch mehr Problemen bei den Pferden führt. Die Hufhornqualität wird immer schlechter und es kommt bei vielen Pferden zur Bildung von Hornrissen, Hornspalten, Hornsäulen und auch zur Ausbildung von Hufgeschwüren. Die Pferde reißen sich die Hufeisen beim Laufen auf der Koppel dann häufig selbst ab, woraufhin die Pferde entweder gar nicht mehr rausgestellt werden, oder draußen permanent Springglocken um die Hufe tragen müssen. Viel effektiver und nachhaltiger wäre es aber in so einem Fall, sich um den Aufbau des gesund nachwachsenden Hufhornes zu bemühen. Natürlich werden massenweise teure Präparate gekauft, um das Hornwachstum zu unterstützen, aber mit der ausreichenden Nährstoffzufuhr, die natürlich auch wichtig ist, ist es eben leider nicht getan. Bewegung auf unterschiedlichen Bodenverhältnissen und unter verschiedenen Witterungsbedingungen sind für einen gut funktionierenden Hufmechanismus und eine gute Hornqualität ebenso essenziell und das ohne einen körperfremden Eisenbeschlag anzubringen.

Nicht nur in den Reitställen zeigte sich mir das Leid der Pferde, sondern auch im gesamten Bereich der Pferdesportveranstaltungen. Und da sind die kleineren Turniere, auf denen ich meine tierärztlichen Turnierdienste leisten musste, noch das Harmloseste, obwohl ich auch dort einiges gesehen habe, was dazu geführt hat, dass ich diese Veranstaltungen nicht mehr unterstützen wollte. Allein die Tatsache, dass dort immer wieder so viele Verletzungen auftreten, die eine ununterbrochene Anwesenheit eines Tierarztes nötig machen, sollte doch schon für sich sprechen und aufzeigen, dass Turniere ein Freizeitvergnügen für die Menschen, definitiv aber nicht für die Pferde darstellen. Was ich dort teilweise auf den Abreiteplätzen gesehen habe, dabei sträuben sich mir immer noch die Nackenhaare. Da bekommt man schnell das Gefühl, die Pferde würden dort von einigen Reitern tatsächlich nur als reines Sportgerät angesehen werden, ohne das geringste Verständnis dafür aufzubringen, dass diese sensiblen Tiere eben nicht immer einfach so funktionieren, wie man es gerne hätte. Man sieht dort wenig lächelnde Gesichter auf den Rücken der Pferde, sondern eher Verbissenheit, Anspannung und sogar Wut gerade unter den Profireitern. Sicherlich nicht bei allen, trotzdem beschreibe ich, was ich selbst auf diesen Veranstaltungen gesehen und wahrgenommen habe. Die Pferde werden gezüchtet oder gekauft und ausgebildet, damit sie Leistung bringen und die haben sie auf dem Turnier natürlich zu erbringen.

Je weiter man in die Bereiche des Pferdesports hineinschaut, bei denen es wirklich um größeres Geld geht, desto schlimmer wird auch die Situation für die Pferde. Das gilt besonders für den Bereich des Pferderennsports. Auf der Galopprennbahn in Hamburg Horn findet jedes Jahr wieder das Deutsche Renn-Derby statt, das höchstdotierte Rennen des Jahres im deutschen Galopprennsport. Dabei geht es um Wetteinsätze in Millionenhöhe und hohe Gewinne für das Siegerpferd. Das ist die goldene Seite des Rennsports in der es um Prestige, Profit und Wettlust geht. Unter den Zuschauern sind Frauen in ihren schicken, teuren Kleidern mit modischen Hüten, sich präsentierend, wie auf einer Modenschau. Die meisten sind gepackt vom Wetteifer und feuern ihren gewählten Champion begeistert an, schneller zu laufen. Diese Welt voll Glanz und Gloria bezieht sich allerdings nur auf die menschlichen Vergnügungen, die eigentlichen Akteure, die Pferde, sind hier keine stolzen Tiere. Das Bild des imposant galoppierenden schwarzen Hengstes, der frei und wild seine Kraft auslebt, das existiert nur in den Köpfen der Menschen. Was dort auf der Rennbahn und generell im Rennpferdesport nicht gesehen oder auch ignoriert wird, das ist die andere, die düstere Seite der Medaille, nämlich das enorme Leid, das diese wunderbaren Lebewesen hinter und sogar auch vor den Kulissen der Rennbahn ertragen müssen. Das offensichtliche und auch das verborgene Martyrium dieser Branche kann man deutlich im Ausdruck der Pferde erkennen. Ein Blick sagt dabei mehr als 1000 Worte. Die Augen dieser empfindsamen Tiere erzählen mir zutiefst traurige Geschichten über all die gebrochenen Pferdeseelen, die dieser Sport hinterlässt. Ich denke fast jeder kennt die Szenen von jenen Pferden, die sich mit vor Angst weit aufgerissenen Augen bis aufs Äußerste weigern, in die engen Startboxen auf der Rennbahn zu gehen und die dann von etlichen starken Männern und mit teilweise massivstem

Druck dazu gebracht werden müssen, doch noch ihren Startplatz für das Rennen einzunehmen. Die meisten Pferde lassen sich irgendwann doch in die Box manövrieren, aber dieses traumatische Erlebnis wird einen dunklen Schatten auf der Seele des Pferdes hinterlassen. Die noch viel zu jungen Pferde müssen im täglichen, harten Training und bei den eigentlichen Rennen körperliche Höchstleitungen erbringen. Daraus resultieren zahlreiche Verletzungen des Bewegungsapparates wie Sehnenrisse, Frakturen der Gliedmaßen oder sogar Genickbrüche mit Todesfolge direkt auf der Rennbahn, vor den Augen der Zuschauer. Natürlich sind alle Anwesenden bestürzt über den Tod jener Pferde, aber das ist in deren Augen nur ein tragischer Unfall, der nichts mit dem grausamen System zu tun hat, das dort existiert und praktiziert wird. Viel zu viele Pferde müssen direkt auf der Rennbahn ihr Leben lassen. Abgesehen von diesen enormen körperlichen Überlastungen bis hin zum Tod für die Pferde, kommt noch der extreme psychische Stress hinzu, den die Tiere ertragen müssen. Der Einsatz von Peitschen, Zungenbändern und ähnlich schaurigem Equipment sind bei den Rennen und auch im Training mehr als üblich. Die arteigenen Bedürfnisse der Pferde werden weitestgehend ignoriert. Das sind die normalen Rahmenbedingungen im Pferderennsport, die niemanden dort zu stören scheinen. Zumindest nicht im internen Bereich, aber zum Glück gibt es einige Tierschützer, die diese Art der Pferdeausbeutung nicht einfach hinnehmen wollen.

Ich war dort, vor Ort, und habe gemeinsam mit dem Tierschutzverein Hamburg gegen diese Form der Ausnutzung von Pferden, die sich Rennsport schimpft, demonstriert. Mit Schildern, Flyern und auch in direkter Ansprache der Besucher sollte auf die tierquälerischen Zustände des Pferderennsports hingewiesen werden. Die meisten Besucher haben den Protest einfach ignoriert oder sich sogar darüber massiv geärgert, manche haben sich auch versucht zu rechtfertigen mit haltlosen Argumenten, aber ein paar konnten wir auch zum Nachdenken anregen. Leider sind sie trotzdem allesamt mit ihren bezahlten Eintrittskarten durch den Eingang Richtung Rennbahn spaziert. Aber vielleicht überlegt es sich zumindest der ein oder andere, im nächsten Jahr vielleicht lieber nicht wiederzukommen und sich stattdessen eine andere Vergnügungsmöglichkeit zu suchen.

Im Dressur- und Springsport sieht es leider ähnlich trübe für die Pferde aus. Das Hamburger Dressur- und Springderby ist für mich eine verkehrte Welt. So viele pferdebegeisterte Menschen sind jedes Jahr dort, um zu verfolgen, wie die großen Namen im Pferdesport abschneiden werden, während sie ihre Tiere über Pulvermanns Grab, eines der schwierigsten Springhindernisse manövrieren. Kaum einer dieser vermeintlichen Pferdefreunde sieht dabei mal genau hin und erkennt, was dort mit den Pferden geschieht, denn dort gibt es sehr viel

Leere und Angst in den Augen der Tiere. Kaum eines dieser Pferde kann sich an einem artgerechten Leben erfreuen, alle müssen funktionieren. Müssen Leistungen bringen, die die physischen Grenzen des Pferdekörpers deutlich überschreiten. Sicherlich gibt es auch hier Ausnahmen und ich würde sagen, dass sehr viele dieser Profireiter ihre Pferde lieben oder zumindest schätzen und der Ansicht sind, sie auch gut zu behandeln. Aber diese Veranstaltungen zeigen leider zu deutlich, dass die Menschen noch nicht mal annähernd angefangen haben zu begreifen, was sie den Tieren mit diesem Sport zumuten. Die Pferde werden dort zur Schau gestellt, um tausende Menschen zu unterhalten, zu begeistern und natürlich auch um das Ego des Reiters mit einem Sieg zu befriedigen. Es ist mir unbegreiflich, wie es unter Pferdefreunden möglich sein kann, dass so viele Augen nicht wirklich hinsehen und nicht erkennen, wie sehr der Pferdesport von dem abweicht, wofür Pferde ursprünglich geschaffen worden sind.

Leider existieren gerade auch um diese sichtbare Welt in der Öffentlichkeit des Pferdesportes herum, die ganzen Dinge, die dies überhaupt erst möglich machen. Ich spreche vom Handel mit Pferden, vom Züchten, Verkaufen, Kaufen und dem Exportieren in fremde Länder. Eine einfache Ankaufsuntersuchung wird durchgeführt wie ein Gerätecheck bei einem Auto oder einer Maschine. Man möchte in

Erfahrung bringen, ob alle Funktionen des Produktes in Ordnung sind, damit es seine erhoffte Leistung später auch erbringen wird und das Geld, das man für den Pferdekauf hinblättert, auch gut angelegt ist. Das Pferd wird begutachtet, beurteilt, aber kaum jemand sieht und spürt wirklich hin, mit was für einem besonderen Lebewesen er es da zu tun hat. Entstanden aus einer unnatürlichen, künstlichen Besamung durch den Tierarzt, mit einem halben Jahr schon viel zu früh und plötzlich von der Mutter getrennt, mit kaum 3 Jahren für die erste Zuchtleistungsprüfung zurechtgeritten und dann verkauft für möglichst viel Geld. Das ist der Lebensweg der meisten Sportpferde. Die Ankaufsuntersuchung ist aber nur der momentane Zustand. Paradoxerweise verstehen die wenigsten Käufer, dass nicht dieser darüber entscheidet, wie gesund und leistungsfähig der Organismus ist und bleibt. Trotzdem schauen alle nur auf diese eine Momentaufnahme und leiten daraus den Wert des Pferdes für sich ab. Es werden etliche Röntgenbilder gemacht, um sich eine möglichst große Sicherheit zu schaffen, aber dass es für die Gesundheit und die Leistungsfähigkeit der Pferde viel wichtiger wäre, sie nach ihren artgemäßen Bedürfnissen zu füttern und zu halten, das geht da völlig unter. Gerade im Bereich der Züchtung werden Dinge praktiziert, die einfach für mich unbegreiflich sind. Jeder will von seiner Stute ein Fohlen aus dem erfolgreichsten Hengst haben. Auf diese Weise werden Genlinien immer enger geschnürt und diverse Erbkrankheiten können sich viel schneller herausbilden. Da werden in jungen Jahren Nabelbrüche wegoperiert und Knochenchips aus diversen Gelenken entfernt. Mit diesen Pferden wird dann rücksichtslos weitergezüchtet. Ich habe es so oft erlebt, dass Stuten, die gesundheitsbedingt für den Sport nicht mehr nutzbar waren, in die Zucht gesteckt wurden und dort ein Fohlen nach dem anderen bekommen haben. Es geht bei der Zucht leider viel zu sehr um Leistung, weniger um die Gesundheit der Pferde. Das Schönheitsideal des heutigen Sportpferdes unterscheidet sich enorm vom Aussehen der ursprünglichen Wildpferde. Das zeigt mir unter anderem, wie der Mensch sich diese Spezies nach seinen Bedürfnissen umgezüchtet hat und das auf eine hemmungslose Art und Weise. Leider gehen aus diesem Verhalten die Pferde als leidtragende hervor.

Auch abseits vom großen Sport findet die Ausnutzung von Pferden durch den Menschen statt. Zum Beispiel beim Ponyreiten auf diversen Jahrmärkten. „Und der Reitspaß beginnt" heißt es ein ums andere Mal aus den Lautsprechern, wenn die Ponys zu einer weiteren Runde aufbrechen müssen. Immer nur linksherum, alle paar Minuten wechseln die Kinder auf ihrem Rücken. Rauf und runter, rauf und runter, rauf und runter, immer wieder, stundenlang. Die Ponys dürfen, gesetzlich vorgeschrieben, bis zu vier Stunden ununterbrochen eingesetzt werden. Dabei sind sie in der Regel ausgebunden, das bedeutet ihr Kopf wird mit Ausbindezügeln links und rechts am Sattel festgebunden. Sie können den Kopf weder kurz heben noch sich kratzen, wenn es mal irgendwo juckt. Sie können sich nicht wehren, ihren Unmut kundtun, es wird von ihnen verlangt zu funktionieren. Immer schön hintereinander in der Reihe bleiben. Die Ponys wissen genau was sie zu tun haben, keiner tanzt aus der Reihe, keines wagt etwas anderes zu tun, als das, was von ihnen verlangt wird. Reitspaß ist das höchstens für die Kinder. Eine Tierrechtsinitiative aus meiner näheren Umgebung kämpft schon seit mehreren Jahren für ein Verbot der Nutzung lebender Tiere als Vergnügungsattraktion solcher Art. Zweimal in der Woche jeweils mittwochs und sonntags wurde während der Zeit des Jahrmarktes vor einem Reitsalon für mehrere Stunden demonstriert, um die Besucher auf das Leid der Ponys aufmerksam zu machen. Es wurden zudem Gespräche mit den zuständigen Stellen geführt, dem Veterinäramt, dem Veranstalter und den Politikern. Leider bisher ohne durchschlagenden Erfolg. Ich habe mich an einigen dieser Demos dort beteiligt. Wir bekamen zwar auch sehr viele positive Reaktionen und Zuspruch von den vorbeigehenden Besuchern, aber zu viele Menschen haben trotz des offenen Protestes ihre Kinder auf die Ponys gesetzt. Was das für ein unglaubliches Maß an Ignoranz von Seiten dieser Eltern gegenüber dem Leid der Tiere darstellt, dafür fehlt mir einfach jegliches Verständnis. Eine Frau fand unsere Aktion sogar eher empörend und sprach mich in kritischer Weise an. Sie wollte sich sogleich selbst ein Bild von den Ponys hier machen, denn sie hätte Ahnung, da sie selbst ein eigenes Pferd besäße. Das man ein eigenes Pferd besitzt, bedeutet allerdings nicht gleichzeitig, dass man viel Ahnung von Pferden haben muss, denn jeder Hans und Franz kann sich heutzutage ein eigenes Pferd anschaffen. Nach nur gefühlt 10 Sekunden stand sie wieder neben mir und teilte mir in einem äußerst aggressiven Ton mit, dass die Ponys in einem ausgezeichnetem Pflegezustand seien, also wäre hier alles in Ordnung und wir seien hier absolut fehl am Platze. Ihre Meinung, die darf sie natürlich äußern und vertreten. In einem Punkt musste ich ihr sogar tatsächlich Recht geben, denn sowohl der Ernährungs- als auch der Pflegezustand der Ponys waren sehr gut. Aber das ist hier nicht das Thema der geäußerten Kritik. Sicherlich gibt es unterschiedliche Formen des Tierleides. Wenn die Pferde abgemagert und mit stumpfem Fell und rissigen Hufen ihren Dienst tun müssten, dann würde das Veterinäramt sofort einschreiten müssen. Solche offensichtlichen Mängel kann man ja gar nicht mehr übersehen oder ignorieren. Leider ist das Leid der Ponys hier subtiler und versteckter. Dennoch können mitfühlende Menschen, selbst wenn sie keine Ahnung vom Lebewesen Pferd, von seinem Ausdrucksverhalten und seinen elementaren Bedürfnissen haben, trotzdem sofort erkennen, dass diese Form der Nutzung alles andere als ein Spaß für die Tiere bedeutet, sogar immenses physisches als auch besonders psychisches Leiden mit sich bringt. In der Mitte der Reitbahn, obwohl ich dieses kleine, ovale Rondell eher nicht so bezeichnen würde, stand eine Tafel, auf der die Betreiber das ausgezeichnete Befinden der Ponys beteuerten und nur ein „Nichtfachmann" hier Tierquälerei entdecken könne. Diese Aussage ist in meinen Augen völlige Verblendung. Als ausgebildete Pferdewirtin und Tierärztin für Pferde mit jahrelanger Praxiserfahrung scheine ich also nach deren Empfinden kein Fachmann für Pferde zu sein? Ich habe die Ponys über mehrere Stunden lang genau betrachtet, aber auch schon ein kurzer Blick hatte ausgereicht, um zu sehen, dass die Ponys alle nur noch in einem Stadium der sogenannten „erlernten Hilflosigkeit" funktionierten. Erlernte Hilflosigkeit ist die aufgrund gewisser negativer Erfahrungen entwickelte Überzeugung, die Fähigkeit zur Veränderung der eigenen Lebenssituation verloren zu haben. Das Tier kann sich nicht mehr aus einer unangenehmen Situation befreien und erträgt diese nur noch hilflos. Ich kann nicht beurteilen, wie es den Tieren außerhalb des Reitsalons ging, aber währenddessen zeigte keines von ihnen so etwas wie Lebensfreude oder aufmerksames Verhalten, wie einen klaren, wachen Blick und nachvorne gerichtete Ohren inklusive einem lebhaftem Ohrenspiel mit entspannten Gesichtszügen. Die Augen der Ponys blickten trübe in sich gekehrt, die Ohren waren leicht zurückgestellt, über den Augen sah man typische Stressfalten. Da die Ausbinder einen permanenten

Druck im Maul verursachen, zeigte sich mehrfach eine weit nachhinten gezogene Unterlippe. Die meisten der Ponys sind zudem ununterbrochen mehr als 3 Stunden eingesetzt worden. Das bedeutet eine schädliche, einseitige Belastung für Gelenke, Sehnen und Muskeln. Diese Belastung besteht jeden Tag über viele Wochen im Jahr und ich gehe nicht davon aus, dass für die Ponys ein eigener Physiotherapeut zur Verfügung steht, um die schlimmsten Verspannungen zu mildern. Der Anblick dieser Ponys machte mich sehr traurig und auch wütend. Ich konnte es kaum fassen, dass die anderen Menschen das Leid im Ausdruck der Tiere nicht erkennen konnten oder es ihnen vielleicht sogar egal war. Hauptsache, das eigene Kind hat Spaß.

Eine weitere Form der Ausbeutung von Pferden eröffnete sich mir während meiner Tierrechtsarbeit für den veganen Verein. Ich selbst war noch nie bei den Karnevalsumzügen im Ruhrgebiet dabei, habe aber Videomaterial zu sehen bekommen über Pferde, die dort unter dem Reiter oder vor der Kutsche mitlaufen mussten. Und das, was ich dort gesehen habe reichte aus, um zu verstehen, dass Pferde bei so einem Spektakel nichts zu suchen haben. Pferde sind Fluchttiere, die instinktiv darauf programmiert sind, auf bedrohliche Situationen, wie vermeintliche Jäger, mit Flucht zu reagieren. Laute Geräusche, plötzliche Bewegungen und große Menschenmassen setzen sie enorm unter Stress. Die Pferde, die in der berittenen Polizei eingesetzt werden, was ich auch nicht gutheiße, müssen ein hartes, intensives und langjähriges Training erhalten, um für solche Situationen ausgebildet zu werden. Sowohl zum Schutz der Menschen als auch um den Stress der Pferde so gering wie möglich zu halten. In den Karnevalsumzügen hingegen werden hauptsächlich so genannte „Freizeitpferde" eingesetzt, die eben nicht speziell dafür ausgebildet wurden. Das ist zum einen ein großes Gefahrenpotential für die vielen Menschen dort, da Pferde in Panik unberechenbar und häufig auch unkontrollierbar reagieren. Zum anderen bedeutet es enormen psychischen und auch physischen Stress und somit extremes Leiden für die Pferde. Sicherlich gibt es Pferde mit sehr unterschiedlichem Charakter und somit unterschiedlichem Stresslevel, aber nicht jedem Pferd kann man den Stress auch äußerlich ansehen. Selbst wenn also die Pferde auf dem Videomaterial ruhig wirken, können sie unter Stress leiden. Im gesamten Video sieht man immer wieder, wie Pferde heftig mit dem Kopf schlagen. Das ist eine Verhaltensstörung, ein Ausdruck von einem hohen Maß an Nervosität und somit ein eindeutiges Zeichen dafür, dass sie dieser Situation nicht gewachsen sind und enormem Stress ausgesetzt sind. Die Lautstärke in den Straßen bedeutet zudem eine hohe Belastung für das sehr empfindliche Pferdegehör. Man sieht das Ausspannen eines Zweispänners, wobei das eine Pferd den Kopf völlig erschöpft hängen lässt und kaum noch auf seine Umgebung reagiert. Die körperliche und zudem auch psychische Belastung für dieses Pferd ist hier deutlich erkennbar zu hoch gewesen. Wenn die Pferde für diese Anstrengung nicht ausreichend trainiert sind, dann kommt es zu Überlastung des Bewegungsapparates, was schwere Schäden an Muskulatur, Gelenken und Knochen bedingen kann. Man sieht außerdem mehrfach die aufgesperrten Mäuler bei den Pferden, die sich damit gegen das Gebiss und somit gegen die harten „Zügelhilfen" der Reiter oder Fahrer wehren, welche versuchen, irgendwie noch auf ihre extrem nervösen Pferde einzuwirken. Ein Pferdemaul ist äußerst empfindlich und mit vielen sensiblen Nervenbahnen ausgestattet und deshalb können Gewalteinwirkungen in solcher Form nur schmerzhaft sein. Dieses Verhalten stellte sich hier leider auch nicht als Einzelfall dar, denn die Einwirkung auf das Pferd über das Gebiss ist in solchen Situationen die einzige Möglichkeit, auf die Pferde noch einzuwirken, weil alle anderen Hilfen wie Stimm- und Gewichtshilfen nur beim Pferd ankommen, wenn es sehr gut ausgebildet und dazu in einigermaßen ruhiger Verfassung ist. Wenn Pferde aus einer Situation, die sie als bedrohlich empfinden, nicht fliehen können, werden weitere Schutzmechanismen aktiviert. Das äußert sich dann in Form von Steigen, Scheuen und bei manchen Pferden auch in Form von Erstarrung, dem sogenannten Freeze. Dies alles war mehrfach in diesen Videos zu sehen. Diese Bilder haben mich wirklich schockiert. Sie spiegeln die Tatsache deutlich wider, dass Pferde als empfindsame Lebewesen und Fluchttiere nicht in einen Karnevalszug gehören. Der massive Stress, den die Pferde dort erfahren, ist nicht tolerierbar. Das ist auch eine Tradition, die gründlich überdacht werden muss und zu einem Verbot für die Nutzung von Tieren bei solchen Umzügen führen sollte, zumal es sicherlich genug Möglichkeiten gibt, die Pferde durch motorisierte Kraftfahrzeuge oder andere schöne Alternativen zu ersetzen.

Aufgrund all dieser Erfahrungen und Erlebnisse, die ich im Laufe meines Lebens und besonders während meiner Arbeit als Tierärztin machen musste, ist es mir ein außerordentlich großes Bedürfnis und wahres Herzensanliegen, so vielen Pferdemenschen wie möglich zu verdeutlichen, welche zahlreichen negativen Auswirkungen für die Pferde entstehen, wenn sie auf diese Art von Menschen gehalten und genutzt werden.

# Der Weg in die Freiheit

*„Nichts ist schwerer und erfordert mehr Charakter, als sich in offenem Gegensatz zu seiner Zeit zu befinden und zu sagen: Nein!"*

*(Kurt Tucholsky, deutscher Schriftsteller)*

Und dieses „Nein", äußere ich an dieser Stelle nochmal deutlich in Bezug auf die heute übliche Nutzung und Haltung von Pferden und auch aller anderen Tiere. Tiere gehören in die Freiheit. Im Studium habe ich gelernt, wie der Körper des Pferdes anatomisch aufgebaut ist, aus welchen einzelnen Schichten der Darm besteht und habe mir diese unter dem Mikroskop in allen Einzelheiten angesehen. Ich musste lernen, welche Ionenkanäle den Transport durch die Darmschleimhaut bewirken und konnte in der Biochemie bis ins kleinste Detail die chemischen Strukturen der einzelnen Stoffe und den Ablauf der chemischen Kreisläufe herunterbeten. Ich wurde in den Prüfungen gefragt, welche Krankheiten es gibt, wie ich diese therapieren kann und welches Medikament ich in welcher Situation anwenden sollte. In der Medizin geht es leider hauptsächlich nur um die Erkennung und Behandlung von Krankheiten oder Verletzungen bei Menschen und Tieren. Über welchen Aspekt der

Medizin ich im Studium aber viel zu wenig erfahren habe, ist die Prophylaxe, also die Vorbeugung der Krankheiten. Was ich tun und beachten kann, damit diese Krankheiten gar nicht erst entstehen. Wenn man sich mit diesem Thema allerdings ausgiebiger auseinandersetzen würde, dann würde man ja direkt am eigenen Stuhl sägen. Weniger kranke Pferde würde auch weniger Verdienst für die Tierärzte und natürlich auch für die Pharmaindustrie bedeuten. Ich bin zwar sehr dankbar, dass wir inzwischen für so viele Krankheiten sehr wirksame Medikamente haben, aber diese bekämpfen in der Regel nur die Symptome, ohne an der grundlegenden Ursache anzusetzen, mal abgesehen von Impfungen gegen diverse Infektionserkrankungen. Mir war in den Vorlesungen nie bewusst, dass die Ursachen für die meisten Krankheiten, unter denen unsere Pferde leiden und die ich erkennen und behandeln soll, eigentlich klar auf der Hand liegen. Es sind in meinen Augen nämlich die unnatürlichen Haltungsbedingungen unter denen unsere Pferde leben müssen, weil der Mensch die Pferde an seine eigenen Wünsche und Bedürfnisse anpassen möchte. Natürlich wurde während meiner Studienzeit in dem ein oder anderen Satz mal etwas darauf hingedeutet, dass Pferde ja eigentlich Bewegungstiere sind und 16 Stunden am Tag mit Fressen verbringen müssten, aber ein klares Statement dazu, hat man von den wenigsten Dozenten gehört und in kaum einer Veröffentlichung gelesen. Niemand in der ganzen Universität lehrte mich zu der Zeit etwas über die natürlichen Bedürfnisse von Pferden. Aus der Beobachtung von Wildpferden kann man sehr viel mehr darüber lernen als in einer Unterrichtsstunde über Pferdeernährung an der Universität.

Zum Glück hat das Umdenken in der Pferdewelt über die Jahre schon begonnen. Einige haben bereits erkannt, dass gerade die Einzelboxenhaltung den Pferden großen Schaden zufügt. Es gibt bereits viele Offenstallgemeinschaften, Paddocktrails und auch immer mehr Aktivställe, in denen die Pferde in Gruppen leben und sich jederzeit frei bewegen können. Was allerdings nicht bedeutet, dass dort die Bedingungen für die Pferde automatisch optimal oder ausreichend wären, denn in der Regel sind es meistens einfach zu viele Pferde auf zu wenig Raum. Außerdem gibt es noch Vieles weitere zu bedenken und zu beachten, wenn man versuchen möchte, den Pferden ein einigermaßen artgerechtes Leben zu ermöglichen. In der Natur stehen Pferde zum Fressen eher seltener dicht gedrängt und nah beieinander. Warum auch, es ist genug Platz vorhanden. Und genau das ist das Problem. Es gibt scheinbar nicht genug Platz für alle Pferde. Was in großem Maße zutrifft, aber die Frage ist auch, ob man den zur Verfügung stehenden Platz effektiver nutzen könnte. Oft sehe ich zu viele Pferde um eine einzige Heuraufe herumstehen. Nase an Nase wird dort gefressen, ohne die Möglichkeit, schnell

ausweichen zu können, wenn der Nachbar mehr
Platz für sich einfordert. Was nicht gleich auf eine
unharmonische Herdenkonstellation hindeutet,
sondern zunächst mal dem natürlichen Verhalten
der Pferde entspricht. Schon als kleines Kind habe
ich gelernt, dass jedes Pferd seinen eigenen Fressplatz benötigt. Darüber hinaus braucht man immer
einen zusätzlichen Fressplatz, damit ein Wechsel
stattfinden kann und alle Pferde in Ruhe fressen
können. Leider wird dieses Prinzip aus Platz- oder
Geldgründen oder auch nur aus Unkenntnis in zu
vielen Ställen missachtet. In dieser Weise fressen zu
müssen, ohne den eigenen Individualabstand ausleben zu können, bedeutet permanenten Stress für
die Pferde. Es kann auch nicht gewollt sein, dass
rangniedere Pferde nur an die Raufe gehen können,
wenn die Anderen gerade Ruhen oder anderweitig
beschäftigt sind. Das gibt ihnen zwar Zeit zum Fressen, aber stört auch die Harmonie der Herde. In
freier Wildbahn agieren die Pferde als Gemeinschaft. Ruhephasen, Fressphasen und Wanderun-
gen werden in einem gewissen Rahmen gemeinsam
erlebt. Leider wird in unseren Haltungen generell
nur sehr wenig auf diese Harmonie der Gemeinschaft geachtet, wenn die Pferde denn überhaupt in
einer festen Herde stehen dürfen. Man trifft auf zu
wenig Verständnis für die Wichtigkeit eines intak-
ten Herdenlebens. Wenn man nicht gerade die
Pferde am Haus stehen hat, kommt der Besitzer irgendwann zum Stall, holt sein Pferd aus der Herde
heraus und möchte etwas mit ihm machen. Es wird

leider in der Regel nicht darauf geachtet, ob sich das Pferd gerade in einer Ruhephase befindet, mit Fressen beschäftigt ist oder ob es sich vielleicht generell nicht von seiner Herde entfernen möchte. Die Pferde stehen für die Besitzer immer bereit und müssen sich nach deren Terminplan richten. Genau so habe ich es auch mit meinem Pferd gehandhabt, denn wer kann in seinem Alltag schon die Zeit finden, sich auf den Rhythmus seines Pferdes einzustellen? Es gibt sicherlich genug Pferde, die auch Spaß daran haben, etwas mit ihrem Menschen zu unternehmen und die entspannt sind, wenn sie ihre Herde verlassen. Wichtig ist es aber darauf zu achten, was das Pferd einem signalisiert und das man sich für die Kommunikation mit ihm öffnet, denn Kommunikation bedeutet einen gegenseitigen Austausch zuzulassen. Um mit dem eigenen Pferd eine Beziehung auf Augenhöhe zu führen, in der von beiden Seiten aus respektvoll kommuniziert wird, muss man seinem Pferd dann eben auch zuhören. Man muss sich öffnen, um die wirklich feine und oft für uns Menschen kaum wahrnehmbare Kommunikation des Pferdes nicht zu übergehen. Pferde kommunizieren auf drei unterschiedlichen Kommunikationsebenen. Zuerst ist da die Energieebene, die wir Menschen so gut wie gar nicht mehr wahrnehmen können, weil wir zu sehr in unserem Körper und unserem Denken gefangen sind. Ein Pferd weiß schon längst, was in dir vorgeht, bevor du überhaupt nah genug herangekommen bist, um es zu begrüßen. Es liest dich, deine Schwingungen und Emotionen genau aus. Das gehört zu seinen ursprünglichen Instinkten als Beutetier. Die Pferde sind darauf angewiesen, sofort zu spüren, wenn Gefahr droht. Sobald ein Pferd aus der Herde sich auch nur etwas anspannt, bemerken das die anderen sofort. Sie fühlen es einfach auf einer Ebene, die für uns Menschen kaum greifbar ist. Die zweite Kommunikationsebene ist die Körpersprache, die von einer minimalen, für uns Menschen kaum wahrnehmbaren Gestik bis hin zu massivsten Drohgebärden reichen kann. Erst auf der dritten Ebene kommt dann die Berührungssprache ins Spiel, die wir bei den Pferden eigentlich als die hauptsächliche Kommunikationsmöglichkeit nutzen. Menschen wollen Pferde immer irgendwie berühren, sie streicheln und tätscheln. Sie denken, dass es den Pferden gefällt, was aber leider in den meisten Fällen nicht der Fall ist. Pferde machen untereinander auch nur mit den Pferden Sozialpflege, mit denen sie sich sehr gut verstehen, ansonsten gibt es mit den anderen Pferden kaum Körperkontakt. Leider nehmen wir Menschen häufig nicht mal die von den Pferden schon sehr deutlich kommunizierten Botschaften wahr beziehungsweise wenn wir sie denn wahrnehmen, hören wir nicht darauf oder übergehen sie einfach. Das ist keine Kommunikation, das ist ein einseitiger Monolog, in dem man vom Pferd verlangt, während der gemeinsam verbrachten Zeit permanent wachsam zu sein, um jederzeit das zu tun, was man von ihm wünscht, ohne auch nur im Geringsten darauf zu achten, was das Pferd gerade möchte. Ich habe während meiner Beobachtungen in den einzelnen Pferdeställen diverse solch subtiler Botschaften wahrgenommen, die die Pferde ausgesendet haben. Da blieb ein Pferd auf dem Weg zum Reitplatz wie angewurzelt stehen und zeigte seinem Menschen damit deutlich, dass es nicht motiviert ist, jetzt dort im Kreis zu laufen. Die Pferde, bei denen ich das beobachten konnte, ließen sich nach einer kurzen Zeit, auf mehr oder weniger sanfte Art und Weise, doch noch dazu bewegen, weiterzugehen. Ich finde es so wichtig, in solchen Momenten in die Wahrnehmung zu gehen und sich Gedanken darüber zu machen, was das Pferd mit dem jeweiligen Verhalten ausdrücken und mitteilen möchte. Vielleicht kann man dann auch mal auf das Pferd eingehen und die eigenen Pläne ändern. An diesem Tag dann stattdessen einfach ins Gelände gehen, gar nicht reiten oder dies als Anlass dafür nehmen, die Reitstunden auf dem Platz zukünftig so zu gestalten, dass auch das Pferd dafür wieder mehr motiviert wird. Bei einem Spaziergang habe ich aus einiger Entfernung beobachtet, wie ein Pony von einer jungen Frau longiert wurde. Ich hörte die Peitsche auf den Boden knallen, um das Pony zum schnelleren Laufen zu animieren. Selbst von Weitem konnte ich an dem Verhalten des Ponys und an der Art wie es sich bewegte erkennen, dass es sich nicht wohl fühlte mit dem, was dort mit ihm gemacht wurde. Die Frau rief laut: „Hopp, hopp, hopp", während sie mit der Peitsche wedelnd hinter dem Pony herlief, welches sichtlich unmotiviert seinen Unmut darüber kundtat, in dem es nur so schnell lief, wie es unbedingt nötig war. Als das Pony dann plötzlich stehen blieb und sich mit finsterer Miene zu der Frau drehte, hätte ihr eigentlich bewusstwerden müssen, wie es dem Pony dabei geht und wie ernst es dem Pony mit seiner Botschaft war. Das Pony zeigte einen richtig grätzigen Gesichtsausdruck, den man eigentlich nur auf eine Art hätte deuten können. Sie nahm das anscheinend aber nicht als Kommunikationsversuch, sondern als Ungehorsam wahr. Sie trieb das Pony wieder an, machte immer mehr Druck und ließ es sogar angaloppieren. Das war sichtlich eine Schippe zu viel des Guten. Das Pony drehte sich wütend mit dem Hinterteil in Richtung der Frau und keilte kraftvoll aus. Noch deutlicher hätte es seine Verärgerung nicht kundtun können, aber die Frau begriff überhaupt nicht, was da gerade geschehen war und dass das Pony verzweifelt versucht hatte, ihr etwas mitzuteilen. Kurze Zeit später beendete sie das Training, stand neben dem Pony, streichelte und lobte es ausgiebig. Ich glaube nicht, dass es die Berührung genießen konnte, es sah eher so aus, als wenn es einfach nur froh war, nicht mehr zum Laufen gezwungen zu werden und endlich seine Ruhe zu haben. Während ich diese Szene beobachtete, zog sich mein Herz zusammen. Ich fragte mich, was ich tun könnte, um den Menschen vor Augen zu führen, wie wichtig es ist, wirklich hinzusehen, wahrzunehmen, was passiert und in einen richtigen Austausch mit dem Pferd zu gehen. Durch den Umgang mit

Pferden können wir eine äußerst feine Art der Kommunikation wieder in uns selbst entdecken. Das ist ein großes Geschenk und kann unser gesamtes Leben bereichern. Dazu wäre es allerdings nötig, sich mit den natürlichen Bedürfnissen der Pferde auseinanderzusetzen, sich für das Befinden des Pferdes im gemeinsamen Umgang wirklich zu interessieren und sich zu öffnen für die Signale, die es uns sendet. Die Pferde haben ein Recht darauf, von den Menschen endlich gesehen zu werden und in gleichberechtigter Weise behandelt zu werden.

Was ich zudem auch als problematisch in einigen Offenstallhaltungen empfinde, ist die Aufteilung der Flächen in zu viele und zu kleine Areale. In machen Ställen sieht man nur noch weiße Litzen, die kreuz und quer über den Paddock und die Koppeln gespannt werden. Die Gruppenhaltung in kleineren Herden kommt dem Leben der Wildpferde in großen Herdenverbänden zwar schon ein bisschen näher, aber sehr oft habe ich in meinem Tierarztalltag wirklich schlimme Verletzungen durch Litzen gesehen und behandelt. So eine Litze durchtrennt eine Sehne in einer Sekunde und zieht damit einen langen Leidensweg für die betroffenen Pferde mit sich. Operationen, lange Klinikaufenthalte und wochenlange Boxenruhe sind die Folge davon. Die Bilder dieser Verletzungen werden mich ein Leben lang begleiten, was in gewisser Weise auch sehr gut ist, denn das bringt mich noch mehr dazu, andere

Menschen auf die Probleme in den Pferdehaltungen aufmerksam zu machen. Nicht weil ich diese Menschen mit dem erhobenen Zeigefinger anklagen will, sondern weil ich es als Tierärztin zu meiner Aufgabe gemacht habe, die Gesundheit der Pferde zu bewahren. Wiederherstellung ist eine löbliche Aufgabe, die ich jahrelang praktiziert habe, aber sie verhindert nicht das Leid, das die empfindsamen Tiere dadurch erdulden müssen. Das Problem mit den Litzen zeigt in meinen Augen deutlich auf, wie schwierig es ist, den Pferden ein harmonisches und naturnahes Leben zu ermöglichen. Ganz besonders die Fütterung in der Pferdehaltung ist ein weiteres, riesiges Problem. Eine nahezu kontinuierliche Nahrungsaufnahme ist sehr wichtig, denn der Pferdemagen produziert permanent Magensäure, um das aufgenommene Futter optimal verdauen zu können. Leerzeiten von über 4 Stunden können schon dazu führen, dass der PH-Wert im Magen zu stark absinkt, die Magensäure die empfindliche Schleimhaut angreifen kann und auf diesem Weg dann Magengeschwüre entstehen. In zu vielen Ställen ist es üblich, die Pferde über den Tag portionsweise zu füttern. Über Nacht stehen die Pferde dann häufig viel zu lange ohne Futter in ihren Boxen, weil sie ihre Abendration nach kurzer Zeit bereits aufgefressen haben. Für die Pferde wäre es am natürlichsten permanent Zugang zu ausreichend Raufutter zu haben, aber eine ad libitum Fütterung ist in Pensionspferdeställen meist nicht rentabel und führt durch das stark eingeschränkte Bewegungsangebot dann auch zu starkem Übergewicht bei vielen Pferden, zumal die Zusammensetzung des Heus meistens zu reichhaltig ist. Das heißt es ist zu proteinreich und zu strukturarm. In der Natur müssen Pferde sich ihr Futter aktiv suchen, und das wechselnde Angebot über die Jahreszeiten hinweg sorgt für eine natürliche Regulation des Körpergewichtes. Der ständige Zugang zu Nahrung ist aber für die Erhaltung der Darmflora der Pferde enorm wichtig. Die leicht verdaulichen Nahrungsbestandteile werden im Dünndarm aufgeschlossen und aufgenommen, aber der Hauptteil des Futters, also die strukturreiche Rohfaser, wird von den Bakterien im Dickdarm verarbeitet und dort für das Pferd nutzbar gemacht. Die stabile Zusammensetzung der unterschiedlichen Bakterien ist hierfür sehr wichtig. Lange Leerzeiten, schlechte Futterqualität, Schimmelbefall und auch besonders plötzliche Futterumstellungen können schnell zu einer Veränderung des Bakterienmilieus, zum Absterben der nützlichen Bakterien und somit zu sogenannten Dysbiosen führen. In der Folge entstehen Erkrankungen wie Kotwasser, Durchfall, Gasbildung im Darm und daraufhin eben auch die gefährlichen Darmverlagerungen oder Darmverdrehungen. Gerade die plötzlichen Futterumstellungen im Frühjahr und im Herbst von Gras auf Heu und umgekehrt sind diesbezüglich sehr problematisch, weshalb gerade in diesen Zeiten die Kolikrate immer sehr stark ansteigt. In freier Natur gibt es keine plötzlichen Futterumstellungen. Das karge

Winterfutter geht allmählich in ein erstes sprossendes junges Gras über, und die Pferde werden auf diese Weise ganz langsam auf das frische Sommergras umgestellt. So müsste es eigentlich auch in unseren Pferdehaltungen ablaufen. Stattdessen ist es leider üblich, die Pferde im Winter gar nicht auf die Weide zu lassen, damit sich die viel zu kleinen Weiden, gemessen an der großen Anzahl der Pferde, die darauf stehen, regenerieren können. Dann wird auch meist gewartet, bis das Gras auf den Weiden so richtig schön saftig und hochgewachsen ist, bis die Pferde überhaupt darauf dürfen. Das langsame Anweiden im Frühjahr, also die Zeit der Grasaufnahme langsam immer weiter zu steigern, müssen viele Besitzer dann sogar noch selbst regeln, weil der Aufwand für die Pensionsstallbesitzer viel zu groß wäre. Auf diese Weise kann die Darmflora sich aber nicht auf natürliche Weise dem angebotenen Futter anpassen, wodurch dann leider sehr viele, teils lebensbedrohliche Koliken entstehen. Auch die zahlreichen Verstopfungskoliken möchte ich hier nicht unerwähnt lassen, die meistens durch Bewegungsmangel, gepaart mit zu wenig Raufutter, Langeweile, und der daraufhin folgenden übermäßigen Aufnahme der Einstreu entstehen. Zu viele Pferde musste ich in der Klinik tagelang mit Medikamenten behandeln und ihnen immer wieder und wieder eine Nasenschlundsonde schieben, um über das Paraffinöl die brettharten Verstopfungen des Dickdarmes langsam aufzulösen. Das könnten die Besitzer sich und ihren Pferden alles zu großen Teilen ersparen, wenn man die Pferde eben nicht in kleinen Boxen einsperren würde.

Ein weiteres menschgemachtes Problem bei unseren domestizierten Hauspferden betrifft ihre Zähne. Die Zähne der Pferde sind so angelegt, dass sie sich über die gesamte Lebenszeit kontinuierlich, aber ganz langsam abnutzen und sich dabei immer weiter aus dem Zahnfach herausschieben. Die Zahnsubstanz ist sehr hart und somit optimal an sehr strukturreiches Futter angepasst. Wenn man sich ansieht, was bei den meisten Wildpferden neben dem Gras noch alles auf dem Speiseplan steht, dann kann man auch verstehen, warum es inzwischen so viele Zahntierärzte oder Dentisten gibt und bei vielen der Pferde die Zähne regelmäßig geraspelt werden müssen. Ich habe den Pferdebesitzer bei den Zahnbehandlungen immer mal wieder angeboten, selber einmal die Hand in das Maul des eigenen Pferdes zu stecken und die unglaublich scharfen Zahnspitzen an den Seiten der Backenzähne zu fühlen, die mir schon häufig bei der Untersuchung der Maulhöhle fast die Finger aufgeschlitzt haben. Diese haben dort häufig schon etliche, schmerzhafte Wunden in der Backenschleimhaut hinterlassen. Das ist für das Pferd alles andere als angenehm beim Kauen, zudem das Pferd jeden Tag lange und viel kauen muss. Auch hier ist es wieder paradoxerweise so, dass man lieber einmal im Jahr den Tierarzt holt, um die Zähne regelmäßig raspeln zu lassen, anstatt sich darüber Gedanken zu machen, warum diese Prozedur inklusive einer Sedierung überhaupt jedes Mal nötig ist. Wäre es nicht viel besser, eine Möglichkeit zu suchen, die von vornherein die Entstehung von solch starken Veränderungen an den Pferdezähnen verhindern würde oder zumindest bewirken würde, dass das Zähneraspeln nur in deutlich größeren Abständen durchgeführt werden müsste? Pferde fressen in der freien Natur sehr viel gröberes Material als das, was wir ihnen in unseren Pferdehaltungen anbieten. Natürlich ist mit einer Fütterung, die hauptsächlich aus Heu und Gras besteht, schon ein guter Schritt in die richtige Richtung gemacht worden, aber selbst diese Fütterung bietet für die Zähne noch keinen ausreichenden Abrieb. Wirkliches Raufutter fängt eigentlich erst bei den Ästen von Sträuchern, Büschen und Bäumen an, die die Pferde sehr intensiv kauen müssen. Wenn Pferde so grobes Material zur Verfügung gestellt bekommen, können die Zähne wieder ihre Aufgabe ausführen, für die sie natürlicherweise bestimmt sind.

Wir versuchen die Pferde an unser Leben und unsere Haltungssysteme anzupassen, aber das funktioniert nur sehr bedingt und führt eben zu vielerlei gesundheitlichen Problemen bei den Pferden. Auch das Eindecken der Pferde im Winter ist ein Thema, dem ich sehr kritisch gegenüberstehe. Die Natur hat den Pferden mit ihrem Fell, seinen

Schutzmechanismen, besonders durch den Wechsel vom Sommer- zum Winterfell und umgekehrt einen ganz natürlichen Mechanismus zur Thermoregulation mitgegeben, der sie effektiv vor Hitze und gerade auch vor Kälte oder Nässe schützt. Früher glaubte man, dass alle Pferde von den Przewalski-Pferden abstammen. Inzwischen geht man allerdings davon aus, dass es mehrere Urpferderassen gegeben haben muss, die in unterschiedlichen Gebieten angesiedelt waren und deshalb auch verschiedene Charaktere und Anpassung an unterschiedliche Lebensbedingungen zeigten. Man unterscheidet heute den Nord- und den Südtyp und da jeweils noch einen östlichen und einen westlichen Ableger. Wir können bei unserer Hauspferden zwar auch nicht davon ausgehen, dass jedes Pferd mit denselben Bedingungen gleich gut zurechtkommt, aber ich bin trotzdem der Ansicht, dass man jedes Pferd ohne Decke über den Winter bekommen kann, wenn man denn die dafür nötigen Bedingungen schafft, wie ausreichend Raufutter, die Möglichkeit sich vor Regen und Wind zu schützen und die Bereitstellung eines trockenen Liegeplatzes. Der Körper kann mit Temperaturschwankungen auf natürliche Weise sehr gut umgehen. Sobald das Pferd allerdings eine Decke tragen muss, sind diese Anpassungsmechanismen teilweise oder gänzlich blockiert und das Pferd wird in seinem Wohlgefühl deutlich eingeschränkt. Unpassende Decken die scheuern, seien nur am Rande erwähnt. Und sehr viele Sport- und Freizeitreiter scheren ihre

Pferde sogar teilweise oder ganz, weil die Pferde beim Reiten sonst zu sehr schwitzen würden. Es ist leider auch üblich, viele Pferde für das Scheren sogar vom Tierarzt extra sedieren zu lassen, weil diese die Prozedur mit der lauten Schermaschine sonst nicht über sich ergehen lassen würden. Als Tierärztin habe ich die Möglichkeit, ein Pferd bei einigen Behandlungen sedieren zu können, zwar stets als äußerst hilfreich angesehen, aber in diesem Fall hat es mir jedes Mal großes Unbehagen bereitet, ein Medikament, aus nicht medizinischen Gründen, einem Pferd zu injizieren und damit den Körper des Pferdes zu belasten und auch gewisse Risiken in Kauf zu nehmen. Da stimmte für mich das Nutzen-Risiko-Verhältnis definitiv nicht. Den Pferden wird mit dem Scheren und Eindecken ein großes Stück ihrer Natürlichkeit genommen, nur damit sie auf diese Weise für den Menschen besser nutzbar gemacht werden können. Unter nicht idealen Bedingungen ist es gerade für ältere Pferde manchmal sicherlich besser, sie mit einer Decke zu unterstützen, aber an diesem Punkt fände ich es umso wichtiger, nicht einfach die Tatsache zu akzeptieren, dass das Pferd eben eine Decke braucht, sondern sich zu überlegen, was man vielleicht an der Haltung noch verbessern könnte, damit dies eben doch nicht nötig wäre, denn unsere domestizierten Pferde haben immer noch dieselben Bedürfnisse wie ihre Vorfahren, auch wenn ihre Verhaltensweisen sich teilweise an das Leben in menschlicher Obhut angepasst haben.

Bei den Wildpferden hat die Herde, das Leben in der Gemeinschaft, die Sicherheit, Geborgenheit und Stabilität, eine sehr große Bedeutung für das Wohlbefinden der Pferde. Leider wird auch darauf in den allermeisten Pferdehaltungen viel zu wenig oder gar keine Rücksicht genommen. Ich habe das in fast allen Pensionspferdeställen, egal welche Haltungsform dort besteht, immer wieder mitbekommen. Denn Stallwechsel von Pferden stehen gefühlt auf der Tagesordnung. Pferde verlassen den Stall, neue Pferde kommen hinzu. Natürlich kommt es auch in der Natur vor, dass einzelne Pferde, gerade junge Pferde, die Herde verlassen oder auch mal neue Pferde in eine bestehende Herde hinzukommen, aber nicht in diesem unglaublichen Ausmaß, wie es bei uns Menschen praktiziert wird. In der Natur geschehen solche Wechsel auch eher langsam und allmählich, und die Pferde suchen sich eine passende Herde selbst aus. Das Leben von Pferden ist von rhythmischen Veränderungen geprägt, sie orientieren sich an Tagesschwankungen wie dem Wetter, der Verfügbarkeit von Nahrung und Wasser, an den Mondzyklen und jahreszeitlichen Gegebenheiten. Ständige vom Menschen verursachte Veränderungen bewirken deutliche Störungen, die Pferde befinden sich nicht mehr im Einklang mit sich selbst und ihrer Umgebung. Das betrifft eben besonders auch die Veränderung der Herdenkonstellation, die eine deutliche Unruhe in die Herde und das Leben der Pferde bringt. Dadurch steigt die Verletzungsgefahr für die Pferde durch

Auseinandersetzungen bei der Zusammenführung, die individuell und auf die jeweilige Herde und die örtlichen Gegebenheiten abgestimmt sein muss. Diese Unruhe, die sich dann in der Herde ausbreitet, bedeutet wieder enormen Stress für die Pferde. Wir machen uns oft gar nicht klar, was das für unsere geliebten Vierbeiner wirklich bedeutet. Da werden langjährige Freundschaften getrennt oder Konstellationen erschaffen, in denen die Pferde sich nie wirklich entspannen können. Wer sich die Zeit nimmt, eine Pferdeherde zu beobachten und mit ihr zu sein, egal ob in freier Wildbahn oder auf einer eingezäunten Koppel, der wird erkennen, was die Worte "die Kraft der Herde" bedeuten und vielleicht einen anderen Blickwinkel darauf erhalten können.

Die von einer natürlichen Haltung abweichende Kompromisse, die mehr oder weniger in jeder Haltungsform eingegangen werden müssen, stellen ein erhebliches Gesundheitsrisiko für die Pferde dar. Das musste ich leider selbst schmerzlich erfahren, als Balu aus heiterem Himmel eine schwere Kolik bekam. Wahrscheinlich kann man bei Pferden in Gefangenschaft Koliken nie hundertprozentig verhindern, aber man kann mit jeder noch so kleinen Haltungsoptimierung das Risiko zumindest senken. In vielen Fällen bleibt die konkrete Ursache ungeklärt, oft sind es auch mehrere Faktoren, die zusammenspielen. In diesem Fall konnte die

ungünstige, sehr warme Wetterlage nur ihre ver-
heerende Wirkung erzielen, weil eben gewisse
Mängel in der Haltung bestanden, die ich zu lange
ignoriert habe. Schon an dem Tag, an dem ich den
Stall besichtigt habe, war mir klar, dass ich dort
mein Pferd eigentlich nicht hinstellen wollen
würde. Zwar war die Anlage, eingebettet in eine
wunderschöne Kiefernwaldlandschaft und das
Konzept an sich nicht schlecht, aber es gab trotzdem
noch zu viel, was mich störte. Die Silagefütterung
im Winter war nur ein Punkt auf dieser Liste. Den
Sommer über stand die ganze Herde nachts gemeinsam auf einer wundervollen großen Natur-
wiese, auf der die Pferde die ganze Zeit fressen
konnten. Den Tag über war die Koppel allerdings
zugesperrt, und die Herde stand dann nur im Auslauf mit rationierter Strohfütterung. Sobald die
Pferde das Stroh mittags bekamen, haben sie sich
darauf gestürzt, was die Pferde auch aufgrund der
sehr großen Herde, gepaart mit zu geringem Raumangebot und zu wenigen Fressplätzen, immer deutlich gestresst hat. Es ist nicht leicht, für Pferde eine
ideale Haltung zu gewährleisten, wahrscheinlich ist
es sogar gänzlich unmöglich. Jegliche Abweichun-
gen von der Natur stellen Schwachstellen unserer
jetzigen Pferdehaltungskonzepte dar und sind
meist auch die Ursache dafür, dass so viele Pferde
an diversen Krankheiten leiden. Da Balu aber ein so
unglaublich sensibles Pferd war, was sich zu der
Zeit als ich ihn übernommen habe in starker Abhängigkeit von der Herde und diversen Ängsten

äußerte, habe ich diese Form der Haltung erst einmal akzeptiert, auch wenn mein Bauchgefühl mich stetig vor den Gefahren gewarnt hat. Ich wollte unser Vertrauensverhältnis zuerst festigen, bevor ich ihm den massiven Stress eines Umzugs und einen Herdenwechsel zumuten wollte. Einen weiteren Baustein für die Entstehung seiner Kolik sehe ich auch in meiner eigenen Gefühlslage zu dieser Zeit, die Balu mit Sicherheit bei jedem meiner Besuche wahrgenommen hat. Ich fühlte mich zu stark überlastet durch die viele Arbeit mit diversen Nacht- und Wochenenddiensten in der Klinik. Zwar hatte ich schon eine Veränderung in die Wege geleitet, die mich ab dem nächsten Jahr von diesen zusätzlichen Diensten befreien würde, ich musste aber trotzdem noch über zwei Monate mit diesem hohen Arbeitspensum durchhalten, obwohl ich eigentlich schon lange am Ende meiner Kräfte angekommen war. Mein innerer Antreiber sagte mir trotzdem immer noch: „Du musst durchhalten und stark sein". Pferde spiegeln einem die Inkongruenz zwischen den wahren Gefühlen und dem, was man nach außen auszustrahlen versucht, weil man sich wie in meinem Beispiel nicht die Blöße geben will, als schwach dazustehen. Mir ist leider erst später klar geworden, wie wichtig es ist, auf die Zeichen des eigenen Körpers zu hören. Dass man selbst durch Dauerstress krank werden kann, das ist bereits vielen Menschen bewusst, aber dieser Stress wirkt sich eben leider auch auf die so feinfühligen tierischen Begleiter in unserem Leben aus.

Balu bekam also an jenem Oktoberabend eine sehr schwere Kolik. Als ich in den Stall kam, sollte die Herde eigentlich jeden Moment auf die Weide gelassen werden, weshalb auch unter den Pferden schon eine gewissen Unruhe zu spüren war. Balu stand aber ganz ruhig inmitten der Herde, viel zu ruhig. Er reagierte kaum auf mich, schaute nur mit leicht gespitzten Ohren und einem etwas glasigen Blick in meine Richtung und rührte sich nicht. Schon da spürte ich, dass etwas mit ihm nicht in Ordnung sein kann und ein ungutes Gefühl breitete sich in mir aus. Ich dachte zuerst, dass er vielleicht Fieber haben könnte, was aber nicht der Fall war. Nach dem Fiebermessen begann er dann auch schon damit, sich immer wieder hinlegen zu wollen. Balu lag irgendwann nur noch flach auf der Seite und stöhnte vor Schmerz. Angst breitete sich immer weiter in mir aus, und ich spürte, dass das Problem wohl mit einer Spritze nicht behoben sein würde. Die klinischen Befunde bei der Untersuchung bestätigten meine Befürchtungen, und deshalb brachte ich ihn zu mir in die Klinik. Sein Zustand verschlechterte sich allerdings immer weiter, und die Schmerzen hielten trotz der verabreichten Medikamente an. Ich war es gewöhnt, die Entscheidung zu treffen, wann der Moment gekommen ist, an dem ein Koliker bei uns in der Klinik operiert werden muss, aber bei dem eigenen Pferd die starken Emotionen beiseite zu schieben und rational zu bleiben, war eine sehr große Herausforderung für mich. Aber es blieb mir in dieser Situation nichts anderes übrig, es gab keinen anderen Ausweg. Ich traf also die Entscheidung, Balu operieren zu lassen. Ich war die ganze Zeit an seiner Seite. Ich war dabei, als sein kraftvoller Körper bewusstlos auf den Boden der Aufwachbox niedersank, als wir ihn an den Kran gehängt haben und auf den Operationstisch legten. Ich habe zugesehen, wie mein Chef das Skalpell angesetzt und seinen Bauch aufgeschnitten hat. Ich kämpfte die ganze Zeit über mit den Tränen und konnte nicht verhindern, dass sie immer wieder an meinem Gesicht hinunterliefen. Aber auch in dieser Situation befahl ich mir noch, weiterhin stark zu bleiben. Die Diagnose „Ileumobstipation" stand schnell fest. Der Endbereich des Dünndarms war verstopft, und zusätzlich hatte sich der Dickdarm noch verlagert. Die Operation verlief, auch dank der großen Erfahrung meines Chefs, komplikationslos, aber erst als Balu später in seiner Box stand, angehängt an einen 10 Liter Kanister mit Infusionslösung, fing ich langsam an zu begreifen, was uns da gerade passiert war. So viele Pferdebesitzer hatte ich schon in derselben Situation mit ihrem Pferd als Tierärztin begleitet, aber nun war ich diejenige, die mit sorgenvollem Blick vor der Box ihres Pferdes stand und hoffte, es möge überleben. Meine Nacht war dann auch kurz und relativ schlaflos. Als ich morgens wieder in die Klinik kam und Balu untersuchte, arbeitete der Dünndarm leider noch nicht wieder richtig, es kam deshalb zum Rückstau von Dünndarmflüssigkeit in den Magen. Nachdem ich zehn Liter Reflux aus seinem Magen in einen Eimer abgehebert hatte, befürchtete ich, dass er es, trotz allem, nicht schaffen würde. Aber Balu hat sich doch wieder ins Leben zurück gekämpft, und schon nach ein paar Tagen hat er wieder völlig normal gefressen. Ich machte mir große Vorwürfe, dass ich die Mängel in der Haltung falsch eingeschätzt hatte, aber es brachte mir gar nichts, in Schuldgefühlen zu baden. Vielmehr musste ich aus der Situation lernen, die mir das Leben vorgesetzt hat. Ich konnte nur versuchen, es in Zukunft besser zu machen. Mich für eine artgerechte, natürliche Haltung von Pferden einzusetzen, wurde deshalb noch mehr zu meiner Intention. Ich wollte die eigenen Erfahrungen und den durchlebten Schmerz nutzen, um ihn in Stärke zu verwandeln und mit aller mir vorhandenen Kraft meine Vision verfolgen, den Pferden ein besseres und vor allem gesünderes Leben zu ermöglichen.

Das sollte auch für Balu gelten, und so musste ich nach der Kolikoperation nun einen neuen Stall für Balu finden. In den alten Stall zurückzugehen war definitiv keine Option mehr für mich. Wenn ich sage, es ist nicht einfach gewesen, einen annähernd passenden Stall für ihn zu finden, dann wäre das eine maßlose Untertreibung. Ich wollte, dass seine natürlichen Bedürfnisse als Pferd im neuen Stall erfüllt werden. Das bedeutete für mich, dass er immer Heu zur freien Verfügung haben würde sowie ganzjährig Zugang zur Weide und das in einem stabilen Herdenverband mit genug Raumangebot und Anreizen zur Bewegung. Nach drei Monaten hatte ich allerdings immer noch nicht das Passende gefunden. Einen Stall musste ich absagen, weil plötzlich Schafe dort mit auf der Weide grasten und Balu auch panische Angst vor Schafen hatte. Nach allem was er durchgemacht hatte, wollte ich ihn nicht auch noch damit konfrontieren. Ich wählte, letztendlich aus Zeitdruck, weil er nicht mehr viel länger in der Klinik stehen bleiben konnte, einen Stall aus, wo zumindest einiges von meiner Wunschliste vorhanden war. Ich hatte die Hoffnung, dass Balu sich dort gut einleben würde. Die Kompromisse, die ich auch dort wieder hinnahm, musste ich ignorieren. Ich hatte zu dieser Zeit einfach nicht mehr genug Kraft für eine noch intensivere Suche nach dem bestmöglichen Stall für Balu, denn neben der anstrengenden Arbeit in den letzten Monaten in der Klinik und Balus Kolikoperation schritt die Krebserkrankung meines Vaters leider auf einmal schnell voran. Die Angst, ihn nach meiner Mutter auch noch zu verlieren, wurde jeden Tag größer. Balu hatte dann nach einer Woche im neuen Stall, als wir versucht haben ihn dort in die Herde zu integrieren, selbst entschieden, dass dies definitiv nicht der richtige Stall für ihn sein kann. Eigentlich kein Wunder, denn die meisten Pferde dort im Stall standen zumindest den Winter über, nachts in Boxen und am Tag auf Paddocks, in denen sie teilweise Karpalgelenkshoch im Matsch versanken. Der Offenstall war nur für eine handvoll Pferde zusätzlich errichtet worden. Balu wollte schon am zweiten Tag der Eingliederung unter gar keinen Umständen wieder zurück in die kleine Herde mit den drei Wallachen. Er ist dem Stallbetreiber an der Hand gestiegen und hat sich immer wieder von ihm losgerissen. Ich habe ihn dann mit einiger Überredung trotzdem wieder dazu stellen können, auch wenn ich es hätte besser wissen müssen. Zu deutlich hat Balu mir signalisiert, dass es für ihn alles zu viel ist, er hätte viel mehr Zeit für die Integration gebraucht, aber die Box, in der er für seine Eingewöhnung stand, war nur noch eine Woche frei, ich musste es also versuchen, mir blieb keine Zeit mehr. Er ist dann kurze Zeit später über das Tor des Auslaufs gesprungen und da habe ich es dann zum Glück endlich verstanden, hier konnten wir auf gar keinen Fall bleiben. Ich würde ihn nicht dazu zwingen, sich in eine Herde zu integrieren, die für ihn unerträglich zu sein schien. Ich dachte mir zwar schon, dass die Kolikoperation und die anschließenden drei Monate Klinikaufenthalt für ihn sehr traumatisch gewesen sein mussten, aber ich hatte auch nach zwei gemeinsamen Jahren seine Sensibilität immer noch vollkommen unterschätzt. Aber wo sollten wir nun hin? Ich war so langsam der Verzweiflung nahe. Zum Glück wurde dann aber doch noch eine Box für Balu frei, weil eines der älteren Pferde wegen einer Kolik eingeschläfert werden musste. Balu konnte also erst mal noch bleiben. Ich war darüber zwar sehr erleichtert, aber glücklich war ich mit dieser Situation trotzdem nicht, zumal ein weiteres Pferd wegen einer Kolik sein Leben verloren hatte. Nachts stand Balu nun also weiterhin in einer Box und tagsüber allein auf einem kleineren Sandpaddock. Wir waren buchstäblich vom Regen in die Traufe gekommen. Ich musste mir so schnell wie möglich etwas einfallen lassen, um ihn da wieder rauszuholen. Mir war eines nur zu bewusst, sein Körper und seine Seele würden an diesem Ort auf gar keinen Fall die Art von Heilung finden können, die er so dringend brauchte. Warum war es nur so schwer einen Stall mit einer annähernd artgerechten Haltung zu finden? Schon da hätte mir eigentlich ein Licht aufgehen müssen, aber zu dieser Zeit konnte ich noch nicht erkennen, was mein Herz mir schon lange sagen wollte, nämlich dass keine künstliche Haltung von Pferden je wirklich artgerecht sein kann. Aber Balu war ja nun einmal da, irgendwo musste er leben. Und so suchte ich erneut nach einem annehmbaren Stall für ihn. Wenn ich übrigens von „Stall" spreche, meine ich damit natürlich keine Boxenhaltung, sondern eine Offenstallhaltung. Die Box war für ihn nach der Kolikoperation zur Wundheilung absolut lebensnotwendig gewesen, aber ich schwor mir, dass ich ihn danach niemals wieder derart einsperren würde. Nach langem Suchen fand ich dann doch noch einen Offenstall für Balu, bei dem ich Vieles von dem fand, was ich suchte. Leider war es auch einer dieser Ställe, bei dem man überall diverse Litzen sieht, weil die gesamte Fläche für mehrere Pferdeherden in unterschiedliche Bereiche unterteilt worden ist.

Mein Bauchgefühl sagte mir schon im Vorbeifahren, ich solle lieber weiterfahren, aber während der Besichtigung wurde mir dann doch klar, dass ich im Moment einfach keinen besseren Stall finden würde und auch nicht die Kraft finden würde, weiterzusuchen. Dort wo Balu im Moment stand, ging es ihm einfach zu schlecht, und mein Vater lag nun bereits im Sterben. Mir blieb unter diesen Umständen einfach keine andere Möglichkeit, als mich für diesen Stall zu entscheiden. Über dem Stalleingang hing ein großes Schild mit der Aufschrift: „Artgerechte Pferdehaltung" und ich wollte einfach darauf vertrauen, dass dieser Satz halten würde, was er versprach, denn Balu und ich brauchten beide dringend einen Ort, an dem wir beide zur Ruhe kommen konnten.

Zu Beginn empfand ich diesen Stall dann auch als riesengroßes Glück, und ich war heilfroh, Balu nun endlich einigermaßen gut aufgehoben zu wissen. Er konnte endlich so viel Heu fressen, wie er wollte, auch wenn es nur eine Heuraufe für die Gruppe gab, und er hatte zusätzlich ständigen Zugang zur Koppel mit Gras. Leider gab es in seiner kleinen Herde ständig wieder Wechsel in der Herdenkonstellation, so dass ich immer das Gefühl hatte, er kann dort nicht wirklich ankommen, was er in seiner Situation aber unbedingt gebraucht hätte. Auch wenn es zwischen den Pferden nie zu massiven Auseinandersetzungen kam, bedeutete jede Veränderung wieder Stress. Alle paar Wochen war die Herdenkonstellation dort wieder anders. Balu hätte in dieser Situation eigentlich meine volle Aufmerksamkeit und Zuwendung benötigt, die konnte ich ihm aber leider auch nicht geben, denn drei Tage nach dem Umzug in den neuen Stall ist mein Vater verstorben. Es folgte eine schwere Zeit für mich, aber ich schaffte es trotz allem, zusammen mit Balu, in dem neuen Stall einen einigermaßen schönen Sommer zu verleben. Ich verbrachte dort einen großen Teil meiner Zeit einfach damit, auf der Koppel zu sitzen und Balu und den anderen Pferden beim Grasen zuzuschauen. Bei den Pferden zu sein, ließ mich alles andere für diesen Moment vergessen und gab mir eine Art von Frieden, die ich sehr dringend brauchte. Als der Sommer aber so langsam in den Herbst überging und die Tage wieder kürzer und kälter wurden, bemerkte ich, dass Balu lahmte. Ich wartete erst mal eine Weile ab und gab dem Ganzen Zeit, aber es wurde leider nicht wirklich besser. Ich tat, was in seinem Rahmen möglich war. Ich versuchte zuerst mit Homöopathie die Selbstheilungskräfte anzuregen, aber leider verschlechterte sich die Lahmheit immer weiter. Auch die Schmerzmittel, die ich ihm dann gab, halfen nicht. Mir wurde so langsam bewusst, dass die Situation sehr ernst war und ich vielleicht kurz davor war, eine schlimme Entscheidung treffen zu müssen. Der Ultraschall bestätigte dann leider meine schlimmsten Befürchtungen. Balu hatte schon immer eine leichte Fehlstellung beziehungsweise eine anatomische Schwachstelle im Bereich der Fesselköpfe seiner Hinterbeine, weil er dort zu weich gefesselt war. Durch die nicht korrekte Stellung der Gliedmaßen, war die Belastung in diesem Bereich deutlich erhöht. Im Ultraschallbild konnte man deutlich erkennen, dass die Sehnen und das umliegende Gewebe im Fesselbereich beider Hinterbeine stark geschädigt waren. Die Monate, die bereits vergangen waren, führten mir deutlich vor Augen, dass es bei dieser Diagnose keine Frage der Zeit sein würde, bis der Körper sich damit arrangiert hätte. In den letzten Wochen hatte Balu zudem immer weniger Lebensfreude gezeigt. Er wollte eigentlich so gerne mit den anderen herumtoben und spielen, aber die Schmerzen hinderten ihn daran und frustrierten ihn sehr. Auch relativ harmlose Rangeleien an der zu kleinen Heuraufe waren für ihn immer mehr zum Problem geworden, denn er konnte den anderen nicht schnell genug ausweichen. An dem Tag, an dem ich die endgültige Entscheidung getroffen habe, kam er nicht wie eigentlich immer fröhlich wiehernd zu mir heran, sondern er blieb am Ausgang des Offenstalls mit leicht abwesendem Blick stehen. Das zu sehen zerriss mir förmlich mein Herz. Das eigene Pferd so leiden zu sehen tat weh. Aber das machte es mir auch ein bisschen leichter, ihn gehen zu lassen. Denn eigentlich hatte nicht ich diese Entscheidung getroffen, sondern er. Er signalisierte mir, dass er bereit war, loszulassen und deshalb war mir auch ganz klar, was ich zu tun hatte. Ich zögerte es nicht länger hinaus und entschied, ihn am nächsten Tag einzu-schläfern, auch wenn dies eine weitere, tiefe Furche in mein Herzen graben würde. Es ging hier aber nicht um mich, sondern um meinen geliebten Weg-gefährten, dem ich noch mehr Leid ersparen musste. Nachdem ich ihm am kommenden Morgen ein letztes Mal seinen Hafer gefüttert hatte, legte er sich auf dem Auslauf hin und blieb liegen, bis ich ihn holen musste. Solange ich ihn kannte, ist er im-mer aufgestanden, wenn ich zu ihm kam, aber dies-mal blieb er liegen. Ich setzte mich zu ihm, strei-chelte sein warmes, weiches Fell und wusste, dass es die richtige Entscheidung war. Er wollte sich vom Leben verabschieden. Er legte sich flach auf die Seite, als wolle er mir sagen, ich bin bereit. Das klingt fast unglaublich und ziemlich pathetisch, wenn ich das hier aufschreibe, aber genauso ist es gewesen. Wie ich diesen Tag überstanden habe, weiß ich bis heute nicht. Ich hatte ihm das Verspre-chen gegeben, dass kein fremder Mensch das Ein-schläfern für mich übernehmen würde. Ich selbst würde ihn auf seinen letzten Weg geleiten. Er sollte sich ein letztes Mal sicher und geborgen fühlen kön-nen. Meine berufliche Routine half mir dann auch dabei, auf diese Weise für ihn da sein zu können. Es gelang mir, ihn ohne Angst und so behutsam wie möglich in den Tod zu verabschieden. Erst als er seinen letzten Atemzug getan hatte, ließ ich die Trauer und den Schmerz zu und blieb bei ihm, bis ich das Gefühl hatte, dass seine Seele den Körper verlassen hatte. Seine Aufgabe auf dieser Erde war nun zu Ende. Sein Körper konnte die Last seines und auch meines Lebens buchstäblich nicht mehr tragen. Ich bin mir sicher, dass es für seine Seele eine Befreiung war, endlich nicht mehr gegen die verschiedensten Dämonen seines Lebens ankämpfen zu müssen. Auch für mich war es, trotz der Trauer um ihn, eine Art von Befreiung. Solange Balu in meinem Leben war, hatte ich mir nicht erlaubt zuzugeben, dass ich eigentlich in eine andere Richtung gehen wollte und nach seinem Tod hat es auch noch einige Zeit gedauert, bis ich diese Gedanken wirklich zulassen konnte. Ich bin sehr dankbar für unsere gemeinsame Zeit, denn er hat mein Leben auf eine ganz besondere Art und Weise bereichert. Er hat mir sehr viel über mich selbst und das Leben beigebracht und meinen Weg damit unglaublich stark beeinflusst. Durch ihn ist mir erst klar geworden, dass es meine Aufgabe im Leben ist, mich für einen friedvollen Umgang und eine naturnahe Haltung für Pferde einzusetzen und den Pferden den Weg heraus aus der Knechtschaft des Menschen zu ermöglichen. Ich sage das mit diesen deutlichen Worten, weil ich damit nochmal unterstreichen möchte, dass wir Menschen in meinen Augen nicht das Recht haben, uns die Pferde zu unterwerfen. Das gilt natürlich nicht nur für Pferde, sondern auch für alle anderen Tiere auf unserer Erde.

Meine Einstellung zu den Pferden veränderte sich damit immer weiter und weiter. Eine Freundin hat mich deshalb mal gefragt, was man denn meiner Meinung nach nun eigentlich noch mit Pferden machen dürfe, wenn man sie nicht mehr reiten und ihnen auch sonst ein fast natürliches und selbstbestimmtes Leben zugestehen würde. Das ist eine sehr interessante und wichtige Frage, auf die ich auch lange selbst keine befriedigende Antwort geben konnte. Aber ich habe irgendwann angefangen, zu verstehen. Ich denke, die Pferde können uns diese Frage selbst beantworten. Wenn wir ihnen so viel Freiheit wie möglich schenken, haben sie die Möglichkeit, selbst zu entscheiden, ob sie mit uns in Kontakt treten möchten und wozu sie bereit sind. Wir können ihnen verschiedenen Sachen anbieten für eine gemeinsame Zeit, aber wir sollten die Pferde zumindest mitentscheiden lassen, ob sie daran genauso viel Spaß haben, wie wir. Und wenn es uns nicht nur darum geht, was man mit den Pferden machen kann, sondern auch darum, was der Umgang mit den Pferden bzw. die Nähe zu ihnen mit uns macht, dann entwickeln wir eine ganz andere Sicht auf die Verbindung zwischen Mensch und Pferd. Pferde haben schon immer eine fast magische Anziehung auf viele Menschen ausgeübt. Ihre Schönheit und Anmut, die enorme Kraft und zugleich die zarte Sanftheit faszinieren uns. Sie können eine unglaubliche Ruhe ausstrahlen, die sich auf uns überträgt, uns herausbringt aus der Hektik des Alltags und die uns dazu bringt, uns in der

Gegenwart der Pferde mit der Natur und allem um uns herum zu verbinden und uns die Möglichkeit gibt, Frieden in unserem Inneren zu finden. Wenn man den Pferden in ihrem Leben gewisse Freiheiten ermöglicht und den Kontakt mit ihnen auf Augenhöhe entstehen lässt, basierend auf absoluter Freiwilligkeit, bekommt man von ihnen etwas so Wertvolles zurück, dass man durch einen Ritt auf dem Pferderücken in dieser Form nie erhalten könnte. Ich spreche von der Möglichkeit, sich persönlich weiterzuentwickeln und darüber hinaus zu Lernen, im gegenwärtigen Moment zu leben. Ich hoffe sehr, dass immer mehr Menschen anfangen werden, ihre Art mit Pferden umzugehen von Grund auf verändern, um so für sich selbst zu entdecken, was für ein wertvolles Geschenk für unser Leben darin verborgen liegt. Vieles was wir tief in uns versteckt halten, kann durch den Kontakt mit diesen wunderbaren und sanften Tieren an die Oberfläche gebracht werden. Die Verbindung zu den Pferden kann verdrängte Emotionen hervorbringen und hilft uns, diese anzusehen und sie anzunehmen. Dadurch kann es uns gelingen, gewisse Themen endlich loszulassen und wirkliche Heilung zu erfahren.

Darüber hinaus gibt uns die Nähe zu einer Pferdeherde die Möglichkeit, Entspannung zu finden, in dem man einfach nur in den Moment eintaucht. Früher habe ich mich nach einem langen Arbeitstag nur noch darauf gefreut, mich am Abend auf die

Couch fallen zu lassen und bei irgendeiner unbedeutenden Serie oder einem Film den Stress des Tages von mir abfallen zu lassen. Im Rahmen meiner, teilweise sehr anstrengenden, Arbeit als Tierärztin hatte ich dieses Gefühl leider sehr häufig, alles in mir rief nach Entspannung und der Möglichkeit, zur Ruhe zu kommen. Ich habe es mir auch weiterhin gegönnt nach einem langen Tag mal die Füße auf der Couch hochzulegen und mir einen guten Film oder eine spannende Serie angesehen. Aber auf meinem neuen Weg mit Pferden hat sich eine weitere Möglichkeit eröffnet, meinen Körper und meinen Geist wieder zu entschleunigen, nämlich bei den Pferden zu sein, sich als Teil der Herde mit ihnen zu bewegen, oder auch einfach nur etwas abseits sie zu beobachten. Dort auf der Weide breitete sich schon nach kurzer Zeit eine ruhige, entspannte und unglaublich friedliche Atmosphäre in mir aus. Dort in der wärmenden Abendsonne zu sitzen, die Erde unter mir zu spüren, die mir Halt gab, ließ mich sehr schnell bei mir selbst ankommen. Das bedeutet für mich gelebte Achtsamkeit. Achtsamkeit ist das Verweilen im Hier und Jetzt. Das Wahrnehmen von dem, was gerade ist, ohne es zu bewerten. Achtsamkeit bedeutet, seine Gedanken zur Ruhe zu bringen, sie davon ziehen zu lassen, wie die Wolken am Himmel und sich voll und ganz dem jeweiligen Moment hinzugeben. Die Vergangenheit ruht, die Zukunft ist noch nicht existent, was wir immer haben ist der gegenwärtige Augenblick, in ihm können wir vollkommen präsent sein. Ich konzentrierte mich dann nur noch auf meine Sinne, so wie es die Pferde auch tun. Ich tauche ein in die Erinnerung an diese wunderschönen Momente und rieche den herrlich aromatischen Duft von frisch gemähtem Heu, der seicht von der Nachbarwiese zu mir herüber geweht wurde. Glückliche Erinnerungen aus meiner Kindheit wurden dadurch automatisch in mir geweckt, die unauslöschlich mit diesem Geruch verbunden sind. Ich lauschte dem wunderlichen Zirpen der unzähligen Grillen und fühlte mich immer wie in eine entspannte Urlaubsstimmung hineinversetzt. Während ich meinen Blick umherschweifen ließ, schaute ich in den blauen, unendlich erscheinenden Himmel über mir, an dem kleine Wölkchen mir ihre spannenden Geschichten erzählten, während sie langsam am Himmel an mir vorüberzogen. Unsere Sinne sind ein unfassbar kostbares Geschenk. Wir sollten in jeder Sekunde unseres Lebens dankbar dafür sein, denn sie bereichern unseren Tag auf so vielfältige und unbeschreibliche Art und Weise. Ich bemerkte, wie die Anspannung in dieser wohltuenden Atmosphäre auf der Wiese langsam von mir abzufallen begann und meine Gedanken auf diese Weise zur Ruhe kommen konnten. Ich schaute auf die zufrieden wirkenden Pferde, und ich verstand, was für ein riesengroßer Schatz darin verborgen liegt, auf diese Weise Zeit bei den Pferden zu verbringen. Einfach nur zu Sein, sich im Einklang mit der Natur zu befinden und den Blick auf die ganzen kleinen Wunder zu richten, die einem so zahlreich begegnen, wenn man achtsam ist.

Eine kleine flauschige Hummel flog nah an mir vorbei, flog emsig von Blume zu Blume, das Quaken der Frösche drang vom Teich zu mir herüber, wie eine Symphoniekonzert der Natur. Ein paar Ameisen krabbelten neben mir herum, so winzig kleine Lebewesen, und doch ist ihnen eine wichtige Aufgabe zuteil, die sie ganz instinktiv erfüllen. Sie sind genauso Teil des Ganzen wie alle anderen Lebewesen auch.

*„Alles was lebt, lebt nicht allein und nicht für sich selbst."*

*(William Blake, englischer Dichter)*

Die letzten Sonnenstrahlen tauchten die Wiese in goldenes Licht. Der Tag hatte damit begonnen, sich zu verabschieden und der Nacht ihren Platz einzuräumen. Alles hat seine Zeit. Der Wechsel von Tag und Nacht, Frühling, Sommer, Herbst und Winter, Wärme und Kälte, Aktivität und Ruhe, Die Pferde spüren diese Wechsel und leben ganz natürlich im Einklang damit. Auch ich spürte den Übergang der Jahreszeiten, wenn der Sommer langsam zu weichen begann, es kühler und regnerischer wurde, die Blätter sich in den schönsten Farben an den Bäumen zeigten, bis sie vom Herbstwind erfasst wurden und langsam zu Boden fielen. Jede Phase trägt ihr eigenes, ganz spezielles Geschenk in sich. Man muss nur lernen, es wahrzunehmen und schätzen zu können. Gerade in der heutigen Zeit, in der wir ständig getrieben sind, irgendetwas zu tun und kaum eine Minute mal stillsitzen können, bietet uns die Achtsamkeit eine wunderbare Möglichkeit, unseren Umgang mit Stress zu verändern und zu erkennen, was im Leben wirklich wichtig ist und wie das Leben auch aussehen könnte, würden wir nicht so viel von unserer kostbaren Lebenszeit mit Stress, Hektik und unnötigem Problemwälzen vergeuden. Denn Leben ist nicht das Hetzen von einem Termin zum nächsten, nicht das Abarbeiten von diversen Aufgaben, die wir im beruflichen und privaten Rahmen zu erledigen haben. Es ist nicht das Warten aufs Wochenende oder auf den lang ersehnten Urlaub, um endlich einmal durchatmen zu können. Das Leben präsentiert sich uns in jedem einzelnen, kostbaren Moment. Wir haben selbst die Fähigkeit zu bestimmen, wie wir diese Momente gestalten wollen und wie wir etwas bewerten, das uns widerfährt. Achtsam leben bedeutet nicht permanente Glückseligkeit. Es bedeutet, die unzähligen Kleinigkeiten wahrzunehmen, die das Leben so lebenswert machen, die wir aber viel zu oft völlig unbeachtet links liegen lassen. Den Autopiloten, der uns durch den Alltag führt, mal abzuschalten. Das Gedankenkarussell anzuhalten, in dem wir uns wieder und wieder befinden. Mehr Gelassenheit zu entwickeln für all die stressigen Situationen, in die wir geraten und sich mehr an den kleinen Dingen des Lebens zu erfreuen. All das kann die eigene Lebensqualität um ein Vielfaches steigern. Das geschieht nicht über

Nacht, aber wenn man jeden Tag nutzt, um sich in Achtsamkeit zu üben, dann wird sich irgendwann etwas spürbar im eigenen Leben verändern, und die Pferde können uns dabei helfen.

Beim Umgang mit der Zeit und wie wir sie erleben, verhält es sich ähnlich. Wir wachen oft auf mit unzähligen Gedanken im Kopf an den bevorstehenden neuen Tag. Was wir wann, wo und wie zu erledigen haben. Der Blick auf die Uhr bzw. unser Handy bestimmt unser Leben. Termine reihen sich an Termine und jede kostbare Sekunde eines jeden Tages scheint zu schnell zu verrinnen. Die Sanduhr unseres Lebens läuft stetig weiter, der feine Sand rieselt hinab. Wir können die Zeit nicht aufhalten, aber wir können verhindern, dass uns der Gedanke an die vergehende Zeit auffrisst. Wir können unsere Zeit als das wahrnehmen, was sie ist, ein wertvolles Geschenk. Pferde können uns einen anderen Umgang mit der Zeit lehren. Vollkommen im jeweiligen Moment ankommen und einfach sein, tief atmen und Vergangenheit und Zukunft loslassen. Das Jetzt erfahren und dieses kostbare Leben wirklich leben. Wir können üben, den Dingen ihren natürlichen Lauf zu lassen und darauf zu vertrauen, dass alles zur richtigen Zeit geschehen wird. Wenn wir achtsam durch unseren Tag spazieren, können wir erkennen, dass alles was wir tun oder auch nicht tun, eine Auswirkung auf alles andere in der Welt hat. Jeden Tag treffen wir Entscheidungen, die weitreichende Konsequenzen haben können, im positiven wie im negativen Sinne. Jeder einzelne kann und macht einen Unterschied, denn alles ist mit allem verbunden. Wenn ich zum Beispiel morgens vor meiner Schale mit Müsli und frischem Obst sitze, versuche ich mir bewusst zu machen, wie viele Menschen dazu beigetragen haben, mir dieses leckere Frühstück zu ermöglichen. Es wurden Arbeitsplätze geschaffen, aber auch viele Ressourcen dafür verbraucht. Jedes kleine Detail ist ein Stückchen des großen Rades der Welt, das sich unentwegt weiterdreht. Während ich den Löffel zum Mund führe und damit meinen Hunger stille, werden nur an diesem einen Tag etwa 100.000 Menschen am Hungertod sterben. Diese Tatsache sollte tiefe Dankbarkeit für alle meine leckeren Mahlzeiten des Tages bewirken. Die Geschenke des Lebens zu achten und sich vor Augen zu führen, dass wir etwas verändern können. Es gibt da eine kleine Zauberwaffe, die uns allen, immer wenn wir sie anwenden, ein Lächeln auf unsere Lippen zu zaubern vermag und uns mit einem Gefühl der Freude erfüllen kann. Es ist die Dankbarkeit. Man kann sich den ganzen Tag über so Vieles beklagen, kann daran denken, was einem alles fehlt und wie ungerecht das Leben es mit einem meint. Das könnte man tun und leider tun das sehr viele Menschen. Aber diese Art zu denken wirft dunkle Schatten auf das eigene Leben. Dabei könnte es so viel einfacher sein, denn man kann für die einfachsten und kleinsten Dinge des Lebens dankbar sein. Für eine warme

Dusche am Morgen, für das Glas Tee, für einen wunderschönen Sonnenaufgang, den man am Morgen erlebt hat, während man auf dem Weg zur Arbeit ist. Es gibt tausend und mehr Dinge, für die wir dankbar sein könnten. Die Dankbarkeit entfaltet ihre Macht sogar noch um ein Vielfaches, wenn man sich nur mal kurz vorstellt, wie es wäre, wenn man all diese Dinge nicht mehr hätte. Morgens gesund aufzustehen und die Welt mit allen Sinnen wahrnehmen zu können, beziehungsweise gerade dies eben nicht mehr zu können. Das macht einen riesengroßen Unterschied, den wir uns viel öfters vor Augen halten sollten, um all das zu schätzen, was wir bereits Wunderbares in unserem Leben haben. Dankbarkeit bringt Licht in jeden noch so dunklen Raum. Und ganz besonders wertvoll ist es auch, sich bei einem anderen Menschen für etwas zu bedanken. Das bringt nicht nur Glück in das eigene Leben, sondern bereitet demjenigen ein wunderbares Geschenk. Dankbarkeit bringt Liebe in die Welt, und davon können wir sehr viel gebrauchen.

*"Nicht die Glücklichen sind dankbar. Es sind die Dankbaren, die glücklich sind.*

*(Francis Bacon, englischer Philosoph)*

Wenn die Worte Achtsamkeit und Dankbarkeit in die Herzen aller Menschen einziehen würden und wirklich gelebt würden, dann könnten wir alle dazu beitragen, den Wandel der Welt, hin zu etwas Besserem für uns alle, zu bewirken. Die Erde und besonders die Menschheit braucht diesen Wandel, braucht Liebe, Mitgefühl, Frieden und Freiheit. Und wenn wir beginnen, dies zuerst in uns selbst zu suchen und zu finden, dann geben wir es auch der Welt weiter, die sich dadurch verändern wird.

Gerade diese Veränderung brauchen besonders alle nicht menschlichen Lebewesen auf diesem Planeten. Deshalb bin ich auch der Ansicht, dass sich etwas grundlegend in der Nutzung, Haltung und Fütterung der von uns gehaltenen Pferde verändern muss. Ich hoffe sehr, dass die Boxenhaltung irgendwann der Vergangenheit angehören wird, dass die arteigenen Bedürfnisse dieser wunderschönen Tiere mehr Berücksichtigung finden werden und dass im Zusammensein mit den Pferden mehr auf das Befinden der Tiere geachtet wird. Ich bin mir sehr sicher, dass viele der Pferdebesitzer sich nur das Beste für ihren Liebling wünschen und dass die diversen Probleme einfach auch durch viel Unwissenheit entstehen. Wenn man allerdings weiterhin 50, 100 oder sogar 150 Pferde in einem Reitstall unterbringen will, kann das nicht artgerecht funktionieren. Solange die Menschen ihre Bedürfnisse, über die der Pferde stellen, werden die Pferde dabei den Kürzeren ziehen. Was ich alles beschrieben habe ist nur mein eigener, ganz persönlicher Blickwinkel auf die Dinge und so verhält es sich letztendlich mit jeder Meinung eines jeden Menschen. Wir machen gewisse Erfahrungen und bilden uns daraufhin unsere Meinungen und unser Weltbild und sehen die Welt nur so, wie wir sie wahrnehmen. Dementsprechend können wir nicht erwarten, dass unsere Wahrheit genauso aussieht, wie die Wahrheit aller anderen. Durch die verschiedenen Erlebnisse in meinem Leben bin ich zu meiner eigenen Wahrheit gekommen. Das hat dazu geführt, dass ich den Pferden ihre Freiheit schenken möchte. Wenn wir uns alle auf den Weg der Liebe und des Mitgefühls begeben, dann ist es vielleicht sogar möglich, eine gemeinsame Wahrheit zu finden, die uns Menschen zeigt, dass wir alle unseren Platz auf dieser Erde haben und dabei trotzdem im Einklang mit den Tieren und der Natur leben können.

# Das Loslassen

*„Lerne loszulassen, das ist der Schlüssel zum Glück."*
*(Siddhartha Gautama – Buddha, Begründer des Buddhismus)*

All die Dinge, die ich bisher beschrieben habe, all das offensichtliche und auch das weniger offensichtliche Leid der Pferde, das ich jeden Tag bei meiner Arbeit als Tierärztin erlebt habe, brachten mich irgendwann an einen Punkt in meinem Leben, an dem ich das alles nicht mehr ständig mit ansehen konnte. Die Welt, in der ich mich dort bewegen musste, und das Gefühl, auf diese Weise nicht wirklich etwas dagegen tun zu können, raubten mir nach und nach immer mehr Energie. Ich erinnere mich noch ganz genau an mein allerletztes Dienstwochenende. Ich wurde in einen großen Reitstall zu einem Pferd mit einer Kolik gerufen. Ich behandelte mit routinierter Sorgfalt meinen Patienten, aber als ich wieder ins Auto gestiegen bin, stellte ich mir die Frage, wie lange ich das noch machen will. Wie lange will ich noch Pferde behandeln, die krank werden, weil sie nicht ihren natürlichen Bedürfnissen entsprechend gehalten und gefüttert werden oder unter chronischem Dauerstress leiden? Ich spürte in diesem Moment sowohl eine unbändige

Wut als auch eine tiefe Traurigkeit in mir aufstei-
gen. Ich saß in meinem Dienstwagen, blickte auf die
Gebäude um mich herum, die alle vollgestopft waren mit kleinen Boxen für die großen Pferde und
mir wurde bewusst, dass ich meine Arbeit als Tierärztin so nicht mehr lange ausüben konnte. Ich
musste endlich eine andere Möglichkeit finden, den
Pferden meine helfende Hand zu reichen. Nach
sechs Jahren Studium und fast zehn Jahren in diesem Beruf war das wahrlich keine leichte Entscheidung, aber ich wusste, ich würde sie treffen müssen, wenn ich mir weiterhin selbst in die Augen
schauen und vor allem auch meine fast vollständig
aufgebrauchten Energiereserven wieder auftanken
wollte. Es war an der Zeit, mich wirklich für diesen
anderen, den veganen Weg zu entscheiden und authentisch meine Überzeugungen zu leben. Ich stand
schon viel zu lange vor einer Weggabelung, aber
mir fehlte einfach die ganze Zeit der Mut, das Vertrauen in mich selbst und in das Leben, um endlich
losgehen zu können. Ich hätte schon viel früher auf
die Stimme in meinem Herzen hören sollen, die laut
nach Veränderung schrie, aber zu groß war die
Angst vor dem Unbekannten, zu groß war das Bedürfnis nach Sicherheit. Meine Selbstzweifel hielten
mich immer wieder zurück. Ich habe mich an dem
Gewohnten festgeklammert und nicht begriffen,
dass ich damit den Energiefluss in meinem Körper
massiv blockierte, weil ich nicht das tat, was meine
Seele so dringend gebraucht hätte. Die körperliche
Überlastung durch das hohe Arbeitspensum in der

Pferdeklinik und die Trauer über den Verlust meiner Eltern haben zusätzlich an meinen Kräften gezehrt und meine Regenerationsfähigkeiten vollkommen erschöpft. Ich hatte immer wieder nach Alternativen für mich gesucht und deshalb neben der Arbeit auch noch ein Fernstudium in Verhaltenstherapie für Pferde abgeschlossen. Allerdings würde mir auch dieser Weg keinen Ausweg bieten können. Wenn ich eine eigene Praxis für Verhaltenstherapie aufbauen würde, dann würde ich statt physisch kranker Pferde eben psychisch kranke Pferde therapieren, was vielleicht sogar noch schlimmer gewesen wäre. Leider wurde mir das erst nach dem Abschluss bewusst. Also blieb ich weiterhin, wo ich war. Ich spürte immer mehr, wie verkehrt sich alles anfühlte, aber ich war unfähig, daran etwas zu ändern.

Das Verharren an derselben Stelle führte mich dann auch unausweichlich zu dem Augenblick, wo bei mir einfach gar nichts mehr ging. Zuerst dachte ich noch, die zwei Wochen Urlaub würden mir aus meiner Erschöpfung schon heraushelfen, doch ich musste leider feststellen, dass es so einfach nicht funktionieren würde. Eigentlich gibt es dafür keinen medizinischen Fachbegriff, aber alle sprechen vom Burnout. Wahrscheinlich, weil es sich auch genauso anfühlt. Ich war völlig ausgebrannt und unfähig, mein Leben und meinen Arbeitsalltag weiterzuführen. Ich schäme mich nicht, das zuzugeben.

Ich konnte mein Leben in der bisherigen Form nicht mehr aufrechterhalten. Ich hatte absolut keine Kraft mehr, nicht mal für eine normale 40 Stunden Woche. Alles in mir lechzte nach Ruhe und Erholung. Ich wollte einfach den Pausenknopf auf der Fernbedienung drücken und alles anhalten, nicht mehr weitergehen müssen, endlich einmal nicht mehr stark sein müssen. Ich werde den Abend niemals vergessen, an dem ich, völlig verzweifelt über meine vertrackte berufliche Situation, weinend auf der Coach zusammenbrach und das Gefühl hatte, meine Leben würde gerade in tausend Stücke zerspringen. Unfähig einen Ausweg aus dieser Misere zu sehen, rief ich meine Schwester an. Sie hat mir das einzig Richtige geraten: "Mach Pause". Und sobald ich mir das innerlich endlich zugestanden hatte und mich dann am folgenden Tag krankschreiben ließ, konnte sich das ganze Ausmaß meiner körperlichen und seelischen Erschöpfung zeigen. Ich musste nicht mehr funktionieren, konnte endlich die ganzen Anforderungen an mich selbst und den Gedanken, dass ich weiter durchhalten muss, loslassen. Von da an wollte ich nicht mehr an die Arbeit und meine Verpflichtungen dort denken, ich wollte niemanden sehen, keine Nachrichten beantworten und nichts mehr von der Welt da draußen mitbekommen. Es war ein Gefühl, als hätte irgendwer die Notbremse eines außer Kontrolle geratenen Zuges gezogen und dieser Zug meines Lebens war nun auf einem einsamen Bahnhof endlich zum Stillstand gekommen. Ich bin dort ausgestiegen und habe mich auf dem Bahnsteig auf eine Bank gesetzt. Die Welt verschwamm vor meinen Augen, und ich blieb einfach nur dort sitzen. Nur sitzen, nichts anderes. Nicht denken, nicht handeln, einfach nur atmen, einfach nur sein.

Nachdem ich zwei Wochen fast nur schlafend auf der Couch verbracht hatte und die erste große Welle der Erschöpfung etwas abgeklungen war, ergab sich der erste Schritt, den ich nun gehen musste, eigentlich wie von selbst. Ich hatte eigentlich auch keine andere Wahl mehr als zu vertrauen und meinem Herzen zu folgen. Und das sagte mir ganz deutlich, dass ich meine tierärztliche Tätigkeit aufgeben musste. Ich hatte vorher gedacht, es würde ausreichen, einfach weniger zu arbeiten, aber das hat das Unausweichliche nur hinausgezögert. Im Gespräch mit meinem Chef machte ich deutlich, dass ich nicht länger als Tierärztin arbeiten möchte. Es war dann für mich wie ein Befreiungsschlag, als ich die Kündigung in den Händen gehalten habe. Ich hätte nicht glücklicher sein können. Zum ersten Mal seit langem empfand ich wieder etwas Leichtigkeit und lief mit einem strahlenden Grinsen auf dem Gesicht herum. Es fühlte sich so unglaublich gut an, der Stimme des Herzens endlich zu folgen. Die Last, die mir damit von meinen Schultern genommen wurde, war riesengroß.

Eine Freundin von mir war regelrecht schockiert und konnte meine Entscheidung nicht verstehen. Wie konnte ich die Sicherheit meines Berufes nur aufgeben und einfach so eine Arbeitslosigkeit riskieren? Natürlich machte sie sich Sorgen um mich, wofür ich ihr auch dankbar war. Doch das war nicht nötig, denn ich fühlte ganz intensiv, was das Richtige für mich war. Ich vertraute fest darauf, dass sich alles weitere zur richtigen Zeit finden würde. Das Leben würde mich leiten, wie ein Boot, das von der Strömung den Fluss hinabgetragen wird, da war ich mir absolut sicher. Entscheidungen zu treffen öffnet Räume und macht Platz für neue Optionen. Das Kapitel meines Lebens mit der Veterinärmedizin war hier eindeutig zu Ende geschrieben. Auch wenn ich der Ansicht bin, dass wir gute Tierärzte und Schulmediziner brauchen und ich weiterhin große Hochachtung vor der Arbeit meiner Kollegen habe, so wies mein Herz mich an, nun eine ganz andere Richtung einzuschlagen. Tatsächlich war da sogar ein Gedanke in mir herangewachsen, etwas zu verwirklichen, was schon immer, in meinem Herzen versteckt, darauf gewartet hat, ans Licht gebracht zu werden. Seit meiner Kindheit trug ich den Traum vom eigenen Pferdehof in mir. Dieser Traum hat sich dann zu einer wunderbaren Vision aus der Kombination einer veganen Frühstückspension und einer naturnahen Pferdehaltung in mir weiterentwickelt. Ich sah meinen eigenen Hof in Gedanken ganz genau vor mir, etwas abgelegen inmitten einer wunderschönen Landschaft. An den roten Backsteinwänden ranken sich Efeu und andere Pflanzen empor und schaffen ein Bild der Natürlichkeit, als würde das Gebäude mit der Natur verschmelzen. Das Haus ist eingebettet in ein kleines Paradies aus wunderschönen, alten Bäumen, die von ihrer langen Geschichte erzählen, wenn man an einem heißen Sommertag in ihrem Schatten Zuflucht sucht. Überall blühen wunderschöne Blumen in den prächtigsten Farben, die mit ihrem Duft die Bienen anziehen, die um die Blumen herum ihr leises Lied summen. In dem naturnah angelegten Gemüsegarten hinter dem Haus und den verschiedenen Hochbeeten wachsen unterschiedlichste heimische Gemüsesorten und herrlich duftende Kräuter, die die Geschmacksknospen der Gäste schon bald genüsslich verführen werden. In meiner Vorstellung trete ich hinaus in die frische klare Morgenluft und blicke hinüber zu den Wiesen, auf denen die Pferde friedlich grasen und spüre in mir endlich diese tiefe Ruhe und Zufriedenheit, die ich so lange gesucht habe. Die Pferde sind hier frei, sie können auf einem großen Areal ihr Leben weitestgehend selbst bestimmen und ihren eigenen Rhythmus leben. Ich setze mich im Schneidersitz auf die Erde ins weiche Gras und schließe die Augen für meine morgendliche Meditation. Ich höre das leise Rauschen des Windes in den Bäumen, den Gesang der Vögel, mit dem sie ebenfalls den Tag begrüßen und das sanfte Schnauben der Pferde. Die Gäste meiner kleinen veganen Frühstückspension liegen noch eingekuschelt und wohlig schlummernd in ihren Betten und werden langsam erwachen, wenn sich etwas später der Duft des leckeren Frühstücks im Haus ausbreiten wird.

Es war mein Traum, einen Ort zu erschaffen, an dem ich den veganen Gedanken leben kann, und an dem die Pferde ihre natürliche Freiheit und ihr inneres Gleichgewicht wiederfinden können, um alles Vergangene loslassen zu können. Dieser Ort sollte ebenso für Menschen eine Oase des Friedens sein, an dem man lernen kann, sich selbst wieder zu spüren, und an dem man allen Stress und die ganze Hektik des Alltags vergessen kann. Und deshalb möchte ich dir nun eine kleine Geschichte erzählen über genau diesen Ort, von dem ich eben gesprochen habe. Tauche mit mir ein in eine Welt, in der die Pferde ein wirkliches Leben führen, abseits von Gitterstäben, engen Boxen, staubigen und überfüllten Reithallen, klappernden Führanlagen und lauten Turnierplätzen. Lass mich dich mitnehmen zu diesem wunderschönen Fleckchen Erde das ich in meinem Herzen trage, an dem es den Pferden möglich sein kann, ein bisschen Luft von dem Leben zu erschnuppern, das ihre freilebenden Artgenossen in der Wildnis führen und für das die Pferde eigentlich gemacht sind:

Ein neuer Morgen bricht an, Nebelschwaden liegen noch über den Wiesen. Die ersten Sonnenstrahlen des Tages tauchen die Graslandschaft in ein golden glitzerndes Licht. Die Pferde stehen auf der hinteren Wiese und grasen friedlich. Dabei bewegen sie sich Schritt für Schritt langsam vorwärts, der Kopf ist gesenkt, ein Bein leicht vorgestellt. Dies ist die Fresshaltung, die für Pferde anatomisch vorgesehen ist, bei der sich die Belastung der Gelenke, der Bänder und Sehnen in einem harmonischen Gleichgewicht bewegt. Dies wird unterstützt durch den Wechsel zwischen Ruhen, Liegen und langsamer Bewegung im Schritt und auch ab und zu mal eine schnellere Gangart im Laufe des Tages. Während die Sonne am Himmel langsam höher steigt, kommt immer mehr Bewegung in die kleine Herde. Gemeinsam wandern sie auf den ausgetretenen Pfaden den Weg hoch zur Wasserstelle, um ihren Durst zu löschen. Der weiche, sandige Vorplatz lädt sie danach dazu ein, sich zur Ruhephase dort niederzulegen, zu schlafen, zu dösen, dem Körper die nötige Entspannung zu gönnen. Die Anwesenheit der anderen Pferde bietet Schutz. Der seichte Wind rauscht leise in den Blättern der angrenzenden Bäume, und die Vögel zwitschern ein zauberhaftes Lied, während eine tiefe Ruhe über dem Land liegt. Die Welt scheint still zu stehen, die Pferde sind im Hier und Jetzt, nichts ist wichtiger, während die Zeit verstreicht. Die Pferde leben weitestgehend nach ihrem eigenen Rhythmus und dem Rhythmus der Natur. Nach einer Weile kommt langsam wieder Aktivität in die Herde, nach und nach geht die Ruhephase vorbei und die Pferde beginnen, sich einen neuen Fressplatz zu suchen. Ihr Leben ist nicht geprägt von vorgegebenen Fresszeiten, es ist immer alles da, was sie brauchen. Sie können es sich in dem Moment nehmen, wenn ihr Körper ihnen das Bedürfnis dazu signalisiert. Sie fressen genau so viel und auch die Dinge, die für sie gut sind. Diese natürliche Eigenschaft können sie hier ausleben. Sie suchen sich immer das, was sie brauchen, denn eine ausreichende Vielfalt steht ihnen hier zur Verfügung. Verschiedene Grassorten in Form von frischem Gras oder in den kälteren Jahreszeiten auch zusätzlich als Heu, wichtige Kräuter, die eine Fülle an essenziellen Nährstoffen bieten, kleinere Büsche und Bäume zum Abknabbern der Rinde. Die Natur stellt nicht umsonst all diese unterschiedlichen Pflanzen bereit. Hier existiert eine Welt fernab der heute üblichen landwirtschaftlichen Monokulturen, in der sich ein stabiles Ökosystem seinen Platz zurückerobern konnte, mit ein wenig Mithilfe menschlicher Kreativität und Naturverbundenheit. Ich wünschte mir, es gäbe so einen Flecken Erde für alle Pferde, wo Ruhe und Frieden herrscht und alle zusammen im Einklang mit sich selbst, mit den anderen Lebewesen und der Natur sein können. Dort würden Pferde so naturnah leben, wie es in menschlicher Obhut nur möglich ist. Ich weiß, dass es solche Orte schon gibt. Einige Pferdehalter gehen bereits diesen Pfad mit ihren Pferden. Ich bin sehr dankbar dafür, zu wissen, dass ich mit meiner

Vision von einer naturnahen Pferdehaltung nicht allein bin. Trotzdem möchte ich mit meinen Worten noch viele weitere Pferdemenschen dazu inspirieren etwas im Sinne ihrer Pferde zu verändern, um auf diese Weise den Weg in eine für alle Pferde artgerechtere Haltung zu ermöglichen.

Also begann ich die ersten Schritte in Richtung meines Traumes von der Veganhorseranch zu gehen und begab mich auf die Immobiliensuche. Es stand für mich fest, dass ich pro Pferd mindestens einen Hektar Land brauchte und das in ruhiger Lage mit einem idyllischen Haus für die vegane Frühstückpension. Ich wunderte mich die ganze Zeit über, warum es mir nicht gelang, mehr Energie in die Verwirklichung dieses Traumes zu stecken. Die Planung so richtig konkret in Gang zu bringen und auch meinen Businessplan endlich fertigzustellen. Heute weiß ich, dass mein Herz die ganze Zeit über versucht hat, mir etwas zuzuflüstern. Aber ich krallte mich so sehr an meiner Vision fest, da sie mir Kraft gab und ich es deshalb lange nicht schaffte, auf diese Stimme zu hören. Es gab da für mich wohl noch etwas Wichtiges zu erfahren auf diesem Weg. Und so war ich mir die ganze Zeit über so sicher, dass mein Traum vom Leben mit Pferden in Stein gemeißelt und unverrückbar wäre. Bis sich bei einem Spaziergang in der Lüneburger Heide dann doch gewisse Zweifel daran in meine Gedankenwelt einschlichen und die Stimme in meinem

Inneren etwas lauter und kräftiger zu werden schien.

Es war ein kalter Wintertag, eine dicke Schicht aus weißem Pulverschnee überdeckte die Heidelandschaft und glitzerte funkelnd in der Sonne. In diesem Gebiet werden ein paar Dülmener Wildpferde zur Landschaftspflege gehalten. Das Areal ist zwar eingezäunt, aber sie können dort trotzdem relativ frei und ungestört leben. Wir hatten Glück und die vier Hengste standen nah am Zaun, so dass wir sie beim Fressen gut beobachten konnten. Sie schienen inzwischen an Menschen gewöhnt zu sein und kamen sogar sehr nahe zu uns an den Zaun heran. Sie ließen sich von den Spaziergängern aber so gut wie gar nicht beim Scharren im hohen Schnee nach etwas fressbarem Gras stören. Es war für mich ein wunderschöner Moment, die Pferde dort so nah vor mir zu haben. So nah als könnte ich hingehen, sie streicheln und in direkten Kontakt mit ihnen treten, so als wären es ganz normale, domestizierte Pferde auf einer Weide. Ich genoss die Ruhe und den Frieden dieses zauberhaften Augenblicks und ließ alles eine Weile auf mich wirken. Irgendwann aber fiel mein Blick dann auf den Zaun, der die Pferde daran hindern sollte, ihr Gebiet zu verlassen. Wie groß das Areal der Pferde dort ist, kann ich gar nicht abschätzen. Freie Wiesen, kleinere Wäldchen, ein Flusslauf und das alles leicht hügelig, eigentlich ein Paradies für diese Pferde. Ich dachte bei mir, so schön würde ich es den Pferden auf meinem eigenen Hof auch gerne machen, aber das könnte ich mir in dieser Größenordnung ganz bestimmt nicht leisten. Ich habe mich in diesem Augenblick gefragt, ob überhaupt irgendeine Haltung von Pferden für mich ausreichend sein würde. Denn eigentlich wünschte ich mir in diesem Augenblick, dass auch die Pferde hinter diesem Zaun frei wären. Dass sie nicht irgendeinen Nutzen erbringen müssten, auch wenn die Landschaftspflege natürlich etwas sehr Sinnvolles darstellt. Aber wenn die Menschen anfangen, einen Zaun um Tiere zu errichten, dann greifen sie unweigerlich in ihr Leben ein. Auch wenn das in diesem Fall natürlich minimal zu sein scheint und man die Situation nicht im Entferntesten mit denen der Pferde in den ganzen Reitställen vergleichen kann. Trotzdem bleibt der Zaun. Der Mensch nimmt sich ein Recht heraus, was er meiner Meinung nach nicht haben dürfte. Menschen und Tiere sollten gleichberechtigt auf diesem Planeten leben können. Die Menschheit breitet sich immer weiter aus, versklavt die Tierwelt und zerstört die Umwelt und somit unser aller Lebensgrundlage. Ich bin mir natürlich darüber im Klaren, dass man nicht einfach die Zäune niederreißen und alle Pferde und auch alle anderen Tiere, die in Gefangenschaft des Menschen leben, frei lassen kann, aber ich habe mir dort bei den wilden Ponys die Frage gestellt, ob ich das System, Pferde oder andere Tiere zu halten, weiterhin unterstützen möchte. Auch wenn ich mit meiner Idee der natürlichen Pferdehaltung eigentlich aufzeigen wollte, wie man es besser machen könnte, so bekam ich das Gefühl, dass es vielleicht auch auf diese Weise nicht funktionieren würde. Denn so viele Pferde, wie die Menschen sich halten wollen, kann man einfach nicht artgerecht unterbringen. Nicht mal annähernd.

Der vegane Weg hatte mich bis zu diesem Punkt geführt, zu diesem Moment, an dem ich fühlte, dass es konsequenter und vor allem authentischer für meinen Lebensweg wäre, meinen Wunsch den Pferden nahe zu sein, loszulassen. Diesem aufkommenden Gedanken weiter nachzugehen war alles andere als leicht für mich, denn mein Herz ist schon mein ganzes Leben lang so stark mit den Pferden verbunden gewesen. Ich habe immer so viel Kraft aus der Nähe zu den Pferden schöpfen können, aber gerade diese Tatsche zeigte mir so deutlich, dass ich die Pferde viel zu sehr brauchte, weil ich es bisher noch nicht geschafft hatte, diese Kraft aus mir selbst heraus entstehen zu lassen. Die Frage stand also im Raum, ob ich mich nun gänzlich vom Leben mit Pferden und damit von dieser wunderbaren Lebensvision verabschieden sollte? War der Traum meiner Veganhorseranch damit für mich ausgeträumt? Ich fragte mich, warum ich so unbedingt an diesem Traum festhalten wollte und was meine ehrlichen Beweggründe dafür waren, zumal Balu nicht mehr in meinem Leben war. Auch für ihn hatte ich diese Vision mit kreiert, um ihm endlich das Leben bieten zu können, dass er von Anfang an verdient gehabt hätte. Ging es mir also primär um die Pferde, darum ihnen ein besseres Leben zu ermöglichen und etwas zu verändern, oder ging es doch mehr um mich und meine persönlichen Bedürfnisse? Ich haderte mit diesem Gedanken und rang immer wieder mit mir selbst. Könnte ich meine Überzeugungen, dass Tiere in Freiheit leben sollten nicht doch auf eine gewisse Art und Weise treu bleiben, wenn ich trotzdem einigen Pferden einen schönen Platz zum Leben bieten würde? War das nicht doch möglich und etwas, das ich vor mir rechtfertigen und leben konnte? Ein paar Wochen zuvor hatte ich auf einem Spaziergang bei mir in der Umgebung eine Pferdekoppel inmitten einer wunderschönen und recht einsam gelegenen Landschaft entdeckt, auf der eine Herde mit mindestens 10 Pferden stand. Zwei stabile Unterstände, zwei große Heuraufen, ansonsten nur Wiese, weiter Blick und frische Luft für die Pferde. Allem Anschein nach schienen die Pferde dort Tag und Nacht draußen zu stehen. Ich verspürte an diesem Tag auf einmal einen starken Drang danach, wieder zu dieser Koppel und den Pferden zu spazieren, als würde sich mir dort etwas Wundersames offenbaren. Ich stellte mich an den Zaun in die wärmende Frühlingssonne, um die Pferde einfach nur ein bisschen zu beobachten. Nach kurzer Zeit kamen zwei kleinere, braune Stuten neugierig zu mir an den Zaun. Sie standen nur bei mir und dösten vor sich hin. Ich genoss in hohem Maße die Nähe dieser Tiere und den friedvollen Moment. Immer mehr Pferde kamen heran, als wollten sie mir alle etwas sagen. Ich spürte, wie die Ruhe der Herde auf mich überging und wie ich mich als Teil dieser Herde zu fühlen begann. Dieser wunderbare Augenblick öffnete mein Herz, Tränen liefen mir über mein Gesicht. Mir wurde schmerzlich bewusst, wie sehr ich Balu und generell die Nähe zu diesen wundervollen Tieren vermisste. Es war so, als wollten diese Pferde mir ins Gedächtnis rufen, was mein Herz bisher immer so sehr mit Glück erfüllt hat. Sie riefen in mir die Gewissheit wach, dass es ihnen dort auf dieser Wiese sehr gut gehen würde. Mir wurde in diesem Moment bewusst, wie sehr ich mich in meinem eigenen Perfektionismus verrannt hatte, dass es eine perfekte Haltungsform nicht geben kann, denn nichts auf der Welt ist perfekt, alles passt sich irgendwie an den Lauf des Lebens an und wandelt sich. Man lernt und entwickelt sich weiter. Ich hatte mich viel zu sehr in meine idealisierte Vorstellung einer naturnahen Pferdehaltung verbohrt, so dass ich alles, was dem nicht entsprach, sofort in Gedanken kritisierte und als für nicht ausreichend einordnete. Immer wenn ich bei meinen Spaziergängen in dieser Zeit Pferde draußen in einer Offenstallhaltung stehen sah, ging mein Augenmerk nur darauf, was dort meiner Ansicht nach noch nicht gut genug ist. Zu wenig Platz vorhanden, kein Futter in den Raufen, kaum Abwechslung auf dem unstrukturierten Paddock und diese Liste könnte ich sehr lange so weiterführen. Aber nun begann ich zu begreifen, dass ich mich doch einfach mal darüber freuen könnte, die Pferde dort stehen zu sehen. Denn viel zu viele Pferde stehen weiterhin allein in ihren engen Boxen und dieser Haltungsform gilt meine eigentliche Kritik. Diesen Pferden sollte ich meine Aufmerksamkeit zuwenden, denn dort findet hinter den verschlossenen Stalltüren wirkliches Leiden statt, das ich immer wieder mit eigenen Augen angesehen und wahrgenommen hatte. Ich spürte dort bei dieser Herde die einzigartige Magie, die von Pferden auf mich ausgeht. Ich war so froh über dieses Zeichen, denn ich wollte meinen Traum vom Leben mit Pferden einfach nicht aufgeben müssen. Ich war fest entschlossen meine ursprünglichen Pläne zu verfolgen und fuhr quer durch den Norden Deutschlands, um mir passende Immobilien anzusehen. Aber diese Stimme in meinem Kopf, die mir weiterhin zuflüsterte, dass sich das alles immer noch nicht richtig anfühlte, wollte einfach nicht schweigen. Es folgte eine turbulente Zeit, in der ich immer wieder zweifelte, in der sich meine Zukunftspläne wöchentlich änderten. Mal wollte ich keine Pferdehaltung, dann doch wieder. Dann stellte ich sogar meine ganze berufliche Planung mit der veganen Frühstückspension in Frage. So eine Pension ganz allein aufzubauen würde schließlich einen riesigen Berg Arbeit bedeuten. Ich hätte in meinem eigenen Haus und meinem eigenen Garten gar keine richtige Privatsphäre mehr. Dabei war ich doch so sehr daran gewöhnt, allein zu sein und genoss die Ruhe und die Unabhängigkeit meines bisherigen Lebens sehr. Hatte ich mich da etwa doch in eine fixe Idee hineingesteigert, die eigentlich gar nicht dem entsprach, was ich wirklich vom Leben wollte? Es ist manchmal wirklich gar nicht so einfach, dem Ruf des eigenen Herzens zu folgen. Mir wurde schon selbst ganz schwindelig, bei der rasanten Geschwindigkeit, mit der sich meine Pläne immer wieder änderten. Verdammt nochmal, sagte ich zu mir selbst, du musst doch endlich mal wissen, was du willst und dann dabeibleiben, so kann es doch nicht weitergehen. Aber warum eigentlich, wer sagt das? Es gibt so viele spirituelle Lehrer, die der Auffassung sind, dass man ein Schöpfer ist und dass man das, was man im Leben haben möchte, selbst kreieren beziehungsweise erschaffen kann. Man muss es sich nur intensiv vorstellen, so als wäre es schon längst Wirklichkeit. Das Gefühl, das man dadurch empfindet, das würde genau das dann ins Leben ziehen. Ich glaube, da ist viel Wahres dran, aber wie sollte ich mir eine Zukunft vorstellen, die ich nicht kannte und von der ich absolut keine Ahnung hatte, wie sie denn aussehen würde und sollte? Deshalb glaubte ich fest daran, dass es noch eine weitere Möglichkeit gab, den Lauf des eigenen Lebens zu beeinflussen. Schon immer hatte ich ein riesiges Urvertrauen ins Leben und wusste, dass die richtigen Dinge zur richtigen Zeit in mein Leben treten würden, beziehungsweise dass ich aus den Dingen, die mir widerfahren sind und noch werden, immer das Bestmögliche machen würde.

Allerdings ließ mich ein negativer Glaubenssatz, den ich schon sehr lange mit mir trug, immer wieder daran zweifeln, dass dieser Weg der Richtige für mich ist. Meine Mutter hat früher mal zu mir gesagt: „Du bist wie ein Blatt im Wind". Ich hatte bisher immer das Gefühl, dass sie das nicht positiv gemeint hatte, sondern meine Art, mein Leben zu leben, dadurch kritisiert hat. Ich selbst habe das viel zu lange auch getan. Ich wusste bis zu genau diesem Zeitpunkt nicht, wie ich dieses Buch beenden sollte, suchte nach den richtigen Worten, schrieb etwas, löschte es wieder. Eines Abends ging ich spazieren, um den Kopf frei zu bekommen. Ein wunderschöner, warmsommerlicher Frühlingsabend begleitete mich. Ich bin meine Lieblingsrunde an den Feldern entlang gegangen und habe plötzlich an meine Mutter gedacht und warum sie das mit dem Blatt im Wind damals zu mir gesagt hat. Ich glaube, nun weiß ich es. Ich hörte das Rascheln der Blätter, blickte auf zu einem Baum und erkannte die Dualität der Aussage. Das Blatt im Wind sitzt einerseits verankert über seinen Stiel fest am Ast des Baumes, andererseits lässt es sich irgendwann, losgelöst von seinem Ursprung, einfach vom Wind forttragen, hinein ins Ungewisse. Ich sah die vielen kleinen Blättchen, wie sie vom Wind hin und her geschüttelt wurden und erkannte die Weisheit, die für mich in dieser Metapher vom „Blatt im Wind" steckte. Ich war wie eins dieser Blätter und durch meinen Beruf und meinen Traum von dem Hof mit Pferden fest verankert im Leben. Dies gab mir den nötigen Halt und große Sicherheit. Aber das Leben schickte mir eine Orkanböe nach der nächsten und ruckelte unaufhörlich weiter an mir. Und dann passierte irgendwann das Unausweichliche, der Stiel löste sich vom Ast. Ich wurde fortgetragen vom Wind. Damit waren der Halt und die Sicherheit fort, aber mit ihnen auch der Kampf um das Festhalten. Dem Wind permanent standzuhalten, hatte mich Unmengen an Energie gekostet. Ich wusste, dass ich nun loslassen musste, um mich selbst und auch die Pferde zu befreien. Es würde nicht ausreichen, nur meinen Job hinter mir zu lassen. Ich würde den Pferden nur ihre Freiheit schenken können, wenn ich auch sie loslassen würde. Denn ohne das Loslassen kann keine wirkliche Freiheit entstehen. Aus diesem Grund gestatte ich mir nun endlich, keinen großen Zukunftsvisionen mehr nachjagen zu müssen, sondern einfach mal nur das zu genießen, was da ist in meinem Leben. So wie ich es von den Pferden gelernt habe. Mein Leben hatte sich ohne diese Vision zwar verändert, aber nun würde ich endlich authentisch meine inneren Überzeugungen leben können. Ich habe es tatsächlich geschafft, meinem Herzen zu folgen und erkannte für mich, dass das Glück, dem ich so lange nachgelaufen bin, schon längst da war, es lag in mir, in meinem Herzen und ist nicht abhängig davon, ob ich mein Leben mit Pferden teile, oder nicht. Jedes Loslassen bietet eine große Chance, denn man kann sich einfach ganz leicht tragen lassen vom Wind. Man kann die Energie des Windes nutzen, um an die unterschiedlichsten Orte zu gelangen und man kann lernen, dem Wind zu vertrauen. Ich muss nicht wissen, wohin er mich trägt, ich muss nur darauf vertrauen, dass jeder Ort, an den ich mit ihm gelange, der Richtige sein wird, und mein Herz wird mich dabei auf dieser spannenden Reise weiterhin leiten.

Namaste